MARYLÈNE COULOMBE

COMMENT DÉVELOPPER VOS DONS

Ce livre appartient à

De la même auteure:
Des esprits habitent nos maisons, Édimag, 2006.
Horoscope intuitif 2007, Édimag, 2006.
Horoscope intuitif 2008, Édimag, 2007.
Nos morts ont besoin de nous pour avancer dans la lumière, Édimag, 2007.
Les morts nous donnent signe de vie, Édimag, 2005, 2008.

ÉDIMAG
PRÈS DU PUBLIC

C.P. 325, Succursale Rosemont
Montréal (Québec) CANADA   H1X 3B8

Internet: www.edimag.com
Courrier électronique: info@edimag.com

Correction: Gilbert Dion, Michèle Marchand
Infographie: Magma Design, Écho International

Dépôt légal: premier trimestre 2009
Bibliothèque et Archives nationales du Québec
Bibliothèque et Archives Canada

© 2009, Édimag inc.
Tous droits réservés pour tous pays.
ISBN: 978-2-89542-294-5

Édimag inc. est membre de l'Association nationale des éditeurs de livres du Québec (ANEL)

Pour Laurianne,

ma petite-fille bien aimée

AVERTISSEMENT DE L'AUTEURE

Je suis parfaitement convaincue que le meilleur moyen de garder un contact privilégié avec un adolescent, c'est de s'intéresser à ce qu'il fait et à ce qu'il pense sans juger au préalable avec nos yeux d'adulte. Je tiens ici à spécifier aux parents que je veux avant tout partager mes expériences et mes connaissances avec les ados. Je ne veux convertir personne à mes croyances, mais si ce que j'ai vécu peut aider les ados à mieux comprendre ce qu'ils vivent, tant mieux! Je vous suggère d'ailleurs fortement de lire ce livre vous-mêmes, afin de mieux les comprendre et de réaliser ce qu'ils peuvent parfois vivre. Certains d'entre vous seront heureux et soulagés de voir que leur enfant est normal, mais peut-être différent! Profitez de toutes les occasions qui vous sont offertes pour discuter avec vos ados et pour les aider à cheminer vers une vie d'adulte responsable, critique. C'est un magnifique cadeau que vous leurs offrirez. De plus, qui sait si ce livre ne répondra pas à certaines de vos questions d'adolescence, restées jusqu'ici sans réponse!

TABLE DES MATIÈRES

INTRODUCTION

Alors, voilà, ça y est! Tu as probablement trouvé ce que tu cherchais: un livre qui te donnerait des réponses aux questions que tu te poses concernant le monde invisible. En plus de t'aider à comprendre ce qui se passe à l'intérieur de toi, il pourra aussi te donner des trucs et des exercices pour développer ce don que tu possèdes au fond de toi-même. Eurêka!

Avant d'être l'auteure et la médium que je suis aujourd'hui, j'ai déjà été, moi aussi, une adolescente! Une adolescente souvent perturbée à cause des phénomènes qui se passaient autour de moi et surtout à l'intérieur de moi. À l'époque, je ne pouvais trouver de réponses à mes questions ou d'explications à ce qui se passait; j'avais beau chercher, rien ne répondait à mes interrogations. Il n'y avait pas encore Internet pour faire mes recherches, donc j'étais limitée à seulement quelques livres, écrits avec de grands mots que je ne comprenais pas toujours. Croyant pouvoir y trouver de l'aide, j'allais une fois par année à ce qui s'appelait «le Salon des sciences occultes». J'y rencontrais des médiums et je leur demandais de m'expliquer pourquoi j'étais comme ça et ce qui était en train de se passer en moi... Mais je ne trouvais toujours pas de réponses satisfaisantes à mes questions.

Alors aujourd'hui, si je peux t'aider à comprendre ce qui se passe à l'intérieur de toi et autour de toi, je serai bien contente, j'aurai aussi un peu l'impression, d'aider l'adolescente qui sommeille toujours en moi.

J'espère que ce livre te servira de guide tout au long de ta traversée vers l'âge adulte. Écris-y en marge tes pensées et tes idées, souligne les passages qui font résonner quelque chose à l'intérieur de toi ou prends des notes. Relis-le à quelques reprises, car, à chacune de tes lectures, tu pourras comprendre quelque chose de nouveau.

Maintenant, laisse-moi te raconter les grandes lignes de ce livre. Tout d'abord, je vais tenter de t'expliquer avec des mots ce qui se passe à l'intérieur de toi, tous ces sentiments qui se bousculent et qui te dérangent. Sans oublier ce qui se passe dans ta tête. Ensuite, je te parlerai de tout ce qui évolue dans un monde invisible qui se trouve tout près de toi.

Le monde des esprits est en soi un monde fascinant, nous pouvons communiquer avec eux, mais eux aussi peuvent avoir envie de communiquer spontanément avec nous. Il ne faut pas en avoir peur. Nous explorerons différentes techniques et je te raconterai quelques histoires vécues reliées aux esprits et aux trucs qui ont déjà été essayés.

Dans le monde des esprits se trouve ton ange gardien; tu pourras, grâce à ce livre, découvrir qui il est, comment entrer en communication avec lui et, par la suite, apprendre à travailler en équipe avec lui. Tu verras, il te sera très utile pour le cheminement que tu t'apprêtes à faire. Après ta lecture, tu pourras mieux voir les signes que ton ange gardien t'envoie et tu pourras accomplir ta mission terrestre de façon plus adéquate.

En aucun temps ce livre ne se veut épeurant ou effrayant, au contraire il deviendra un outil intéressant et pratique. Tu apprendras à éloigner les énergies négatives qui flottent parfois autour de toi ou celles qui traînent dans ta chambre. Je t'expliquerai, bien entendu, des méthodes de protection efficaces pour faire tes exercices en toute sécurité.

Tout au long des chapitres, je te donnerai des trucs et des exercices pratiques pour faire tes propres expériences. Tu pourras ainsi développer tes dons et ton intuition, c'est d'ailleurs un peu le but de ce livre. Parmi les trucs et exercices, tu en trouveras un particulièrement utile pour répondre immédiatement à tes questions... Si tu es curieux, rends-toi tout de suite au chapitre 5.

Je te parlerai un peu de la magie blanche et des autres magies. Je te donnerai là aussi quelques rituels à faire, tout en t'expliquant leurs conséquences. La magie peut faire partie de ton cheminement spirituel pour développer tes dons.

Nous poursuivons avec le chapitre sur les rêves. Tu auras la possibilité de mieux comprendre la fonction du rêve et ainsi mieux utiliser le temps que tu passes à dormir, pour t'améliorer et ainsi améliorer ta vie. Il y a beaucoup de choses intéressantes à découvrir sur les rêves.

Il existe d'autres phénomènes dits paranormaux et je vais t'en parler brièvement afin de te renseigner sur ces choses étranges qui se passent autour de nous.

À la fin du livre, je t'ai fait une liste de films intéressants liés aux phénomènes paranormaux expliqués dans ce livre. Ceux-ci peuvent t'aider à mieux comprendre ce monde complexe.

Voilà! Alors, je te souhaite une bonne lecture et fais de bonnes expériences!

NOTE AUX PARENTS

Parents, je tiens ici à spécifier que je veux avant tout partager mes expériences et mes connaissances avec vos ados. Je ne veux convertir personne à mes croyances, mais si ce que j'ai vécu peut aider les ados à mieux comprendre ce qu'ils vivent, tant mieux! Je vous suggère d'ailleurs de lire ce livre vous-mêmes, afin de mieux les comprendre et de réaliser ce qu'ils peuvent parfois vivre. Certains d'entre vous seront heureux et soulagés de voir que leur enfant est normal, mais peut-être différent! Et qui sait s'il ne répondra pas à certaines de vos questions d'adolescence, restées jusqu'ici sans réponse!

REMERCIEMENTS

Un gros merci à tous les ados qui ont coopéré de près ou de loin à la réalisation de ce livre.

CHAPITRE 1

SE SENTIR DIFFÉRENT

J'avais 12 ans et je jouais dans ma chambre. Je ne me souviens plus trop de ce qui venait de se passer, mais j'ai encore aujourd'hui la sensation très claire de ce qui se passait à l'intérieur de moi en cet après-midi-là. Quelque chose de fort se bousculait dans mon estomac et tout d'un coup, je me suis sentie forte et inébranlable, une grande puissance habitait tout mon être. La seconde d'après, je m'effondrais, comme une poupée de chiffon, sur mon lit. Dans ma tête flottait une image de moi, revêtue d'une camisole de force et isolée dans une chambre blanche immaculée. Je savais, sans comprendre, que la force ressentie à l'intérieur de moi pouvait me conduire à la folie. Alors, pour

Ta patience et ta persévérance seront récompensées.

quelques instants, je crus que je devenais folle et que c'était ce qui m'attendait.

Après quelques respirations, je m'étais calmée. C'est comme si je venais de comprendre que j'étais «différente», différente des autres. Depuis quelques jours déjà, je me demandais comment cela se faisait que moi je «savais» des choses que mes amies ne savaient pas. J'étais, par exemple, et avant que l'on nous l'annonce, au courant de l'absence du prof de maths qui ne s'absentait qu'une ou deux fois par année; de ma note d'examen en français; que leur petit ami ne viendrait pas à leur rendez-vous, etc. Toujours de façon naturelle pour moi, je pouvais prédire à des gens autour de moi des choses qui inévitablement arrivaient. Et je ne parle pas ici des choses que je gardais à l'intérieur de moi sans les partager avec personne.

J'étais différente. Quelque chose à l'intérieur de moi venait d'exploser. Je ne pouvais plus revenir en arrière et faire comme si rien ne s'était passé. Alors, je me suis relevée et, malgré mes peurs, j'ai commencé à expérimenter...

C'est difficile de réaliser que nous ne sommes pas comme les autres, qu'il se passe des choses que nous ne pouvons expliquer. Nous sommes capables de choses que les autres ne peuvent faire ou ne peuvent comprendre. Au début, c'est plaisant de se sentir différent, mais bien vite on se sent isolé, on n'a personne à qui raconter ce que l'on vit, raconter ce qui se passe dans notre tête. On parle avec la petite voix à l'intérieur de notre tête, parfois elle nous répond, mais aussitôt on se dit que ça ne se peut pas. En plus de ce qui se passe à l'intérieur de nous, on voit des choses bizarres se produire autour de nous, les choses bougent toutes seules. Elles se déplacent et même, elles disparaissent. La nuit, on a l'impression de ne pas être seul, on se sent regarder ou l'on sait qu'«il» va venir pendant notre sommeil. Même si on a conscience de notre nouvel état, il faut rester les deux pieds sur terre et vivre normalement.

COMMENT RÉUSSIR À EN PARLER?

Peut-être que tu t'es reconnu à l'intérieur de cette histoire? Nous sommes plusieurs à vivre ou à avoir vécu cette période en silence. Il est important de comprendre que tu es normal, seulement différent. Il arrive pourtant que l'on se demande: Pourquoi moi? On pense à ce moment que l'on est tout seul à vivre ces expériences et on n'ose pas vraiment en parler.

Et avec raison, on ne peut parler librement de ces phénomènes avec tout le monde, car la croyance des gens est partagée. Il y a ceux qui croient qu'il existe, ailleurs, autre chose que le monde matériel que nous voyons tous les matins lorsque nous ouvrons les yeux. Ces gens

Le facteur stress est trop élevé en ce moment, attends un peu et repose ta question.

sont «ouverts» et peuvent comprendre ce que tu commences à vivre. Tu pourrais donc leur en parler sans avoir de craintes.

D'autres au contraire te regarderont comme si tu venais d'une autre planète et n'hésiteront pas à minimiser ou même à ridiculiser ce que tu vis. Je crois que, jusqu'à un certain degré, ces réactions peuvent être dangereuses pour ton équilibre psychologique et émotif.

Je te conseille plutôt d'aller voir une amie, une tante, ou une personne en qui tu as d'abord confiance. Ça peut être une expérience agréable de découvrir que l'on est une personne différente, pas seulement traumatisante. Au début, tu voudras «prouver» ce que tu vis, tu voudras provoquer des phénomènes et tu seras déçue. Ça ne fonctionne pas sous tes ordres! Contente-toi, au début, de partager tes expériences. Raconte ce que tu vis, essaie de mettre des mots sur les émotions que tu ressens quand il se passe quelque chose de bizarre en toi ou autour de toi.

Aujourd'hui, il y a Internet qui peut répondre à certaines de tes questions. Tu peux aller sur différents forums qui traitent de sujets concernant la parapsychologie et échanger avec d'autres internautes sur tes expériences vécues. Mais il y a encore beaucoup de ces forums qui répondent n'importe quoi et même qui donnent des exercices dangereux à faire, alors fais attention à ce que tu vas en déduire ou en faire!

Il est aussi important de comprendre que lorsque nous racontons nos histoires, si nous voulons être pris au sérieux, il faut se montrer sérieux. Plus loin, je t'expliquerai comment faire et pourquoi il faut être respectueux envers ce qui nous entoure afin de ne pas nous faire jouer de mauvais tours!

Enfin, je te conseille de faire lire ce livre à tes parents si tu les crois assez ouverts. Cela pourrait les aider à mieux te comprendre et comprendre les phénomènes que tu vis présentement.

LES CROYANCES

Ne sois pas déçu si tu vois les gens autour de toi banaliser ce que tu vis. C'est tout à fait normal. Certains le feront parce qu'ils ne prêtent pas attention à ce qui les entoure réellement. Ils ne se concentrent que sur leur petite personne ou sur l'aspect matériel de la vie. Pour d'autres, ce sera la peur qui les empêchera de te croire. Toutes ces histoires de fantômes, ils aiment mieux ne pas en parler, de peur d'en voir apparaître un pendant que tu leur parles! Certains te diront que tu manques tout simplement d'attention et que tu veux juste te rendre intéressant! À ceux-là, je dis qu'ils sont ignorants, parce qu'ils n'ont jamais vécu ce genre d'expériences et qu'ils nous jugent trop vite.

Tous ces gens ont des croyances différentes et il faut apprendre à respecter ces croyances. Tu veux que l'on respecte ce que tu vis et ce que tu crois, alors il faut le faire pour les autres. Par exemple, en ce qui concerne Dieu, tu peux choisir de croire seulement en Dieu et non en la religion, tout comme tu peux croire en la religion et en Dieu. Chaque religion a un Dieu, on lui donne seulement un nom différent.

Les croyances viennent d'un peu partout, mais, la plupart du temps, nos croyances viennent de nos parents ou de nos grands-parents. Les croyances nous sont transmises par l'éducation ou le vécu. Maintenant, c'est à toi de travailler tes croyances, sans rejeter tout ce que l'on t'a appris, car il y aura toujours de bonnes choses à garder. Par exemple, moi, je crois aux fantômes, car j'en ai déjà vu un. Je suis même passée au travers et je l'ai senti sur ma peau. Alors, maintenant, je peux y croire parce que je l'ai vécu. Par contre, d'autres personnes peuvent croire aux fantômes sans jamais en avoir vu! La croyance, c'est ce petit quelque chose qui vibre à l'intérieur de toi quand tu lis ou quand tu entends quelque chose qui va bien avec toi, et ce, sans avoir vécu d'expérience s'y rattachant.

L'important, c'est de choisir tes propres croyances sans toutefois les imposer aux autres. Ça ne donnerait rien de bon parce que, de toute façon, tes croyances sont là pour te faire avancer, toi, dans la vie, et non les autres. Tu verras qu'au fur et à mesure de tes expériences, tu rejoindras facilement d'autres personnes qui seront sur la même longueur d'onde que toi, car on attire à soi des gens comme soi!

Et fais toujours attention de faire un juste choix parmi toutes ces nouvelles croyances, car tu es dans un moment très vulnérable de ta vie. Tu es en train de fabriquer l'adulte que tu seras. Alors, ne crois pas tout et n'importe quoi sur le coup de l'impulsion. Explore la croyance que tu veux adopter; si elle te convient et si elle te fait vibrer au fond de toi, garde-la, sinon envoie-la aux oubliettes! Et sache qu'en cours de route, tes croyances vont changer et évoluer en conséquence des expériences de ta vie.

Être spirituel, ce n'est pas adopter une religion, c'est un mode de vie. Ceux qui désirent avancer et comprendre à quoi sert leur passage sur terre ont le droit de le faire à leur manière, toujours en respectant les autres et ce qu'ils pensent. Être spirituel, c'est croire à autre chose que le matériel et se mettre sur un autre mode que le métro-boulot-dodo adopté par tant de gens.

LA PEUR ET LA CULPABILITÉ

Bien évidemment, se sentir différent peut engendrer plusieurs sentiments bouleversants à l'intérieur de toi.

Mieux vaut y réfléchir à deux fois.

Tu peux te sentir troublé et inquiet de ce qui se passe. Sans bien comprendre tout le processus, parfois on se sent même coupable d'être différent. Ce sentiment est pourtant un obstacle majeur. On se sent coupable parce que l'on vit des expériences hors de l'ordinaire, parfois on prend sur soi le fait de connaître certains événements avant les autres. On se dit à l'intérieur de soi: «Est-ce moi qui ai créé cela? Est-ce que c'est parce que j'y ai pensé que c'est arrivé?»

Il faut apprendre à te libérer de ce sentiment. Ce qui arrive n'est pas causé par tes pensées, ni par toi. Cela arrive parce que cela doit arriver. Bientôt, un million de questions vont surgir dans ta tête, c'est pourquoi je te suggère au moins d'en parler, de ne pas tout garder à l'intérieur de toi-même.

Un autre sentiment qui est aussi un obstacle à ton évolution, c'est la peur. Bien sûr, ce qui t'arrive, c'est l'inconnu et tu ne sais pas ce qui t'attend, c'est stressant et c'est normal. C'est ici que ce livre intervient. Tu pourras heureusement comprendre les phénomènes que tu vis et en les comprenant, ta peur va sans cesse diminuer pour faire place à la curiosité et à l'excitation. C'est une étape nécessaire à ton évolution. Lorsque l'on est dans la peur, on n'est pas objectif. C'est là que l'on déforme la réalité, alors qu'en prenant les choses plus calmement, on serait en mesure de comprendre et d'expérimenter ce qui nous arrive. C'est à ce moment que l'on peut faire la différence entre ce qui est réel et ce qui ne l'est pas. Tu verras par la suite qu'il est très intéressant de fonctionner avec tes dons et tes capacités.

Dans mon premier livre, *Les morts nous donnent signe de vie*, je raconte l'histoire de ma transe spontanée. À cette oocasion, j'ai vécu tout ce dont je t'ai parlé plus haut. Tout d'abord l'inconnu, je ne savais pas ce qui se passait à l'intérieur de moi, mon cœur battait vite, vite, j'avais chaud et j'avais la sensation que j'étouffais. Alors, c'est sûr que j'avais peur, et dans cette peur, je mélangeais la réalité terrestre et un événement paranormal. J'étais à la fois assise dans ma maison sur mon divan et en train de survoler un autre endroit que je connaissais bien: je voyais mon père marcher dans un corridor.

Les vibrations de mon corps physique étaient devenues tellement fortes que mon corps s'est élevé dans les airs et flottait tout seul. On appelle cela de la lévitation. À ce moment-là, je ne m'en rendais pas compte. C'est ma mère, qui n'était pas loin de moi, qui est intervenue. Elle a dû se calmer elle-même au départ, car elle aussi était énervée, avant de me prendre la main et de me parler doucement. Alors, mon corps est redescendu lentement sur le divan.

Quand je suis revenue à moi, je tremblais de partout, je venais de vivre une expérience traumatisante. Ma mère, croyant que j'étais malade et ne sachant pas quoi faire, a appelé les ambulanciers. Quand ils sont arrivés, ma mère leur a raconté ce qui venait de se passer. Alors, une infirmière m'a amené dans un coin isolé du salon et m'a posé un tas de questions.

C'est alors que j'ai senti ma première grande frustration. L'infirmière ne croyait pas ce que je lui racontais, même si plusieurs témoins avaient assisté à la scène. Comme j'avais 15 ans, il était normal pour elle de conclure que j'avais pris une drogue quelconque. Alors, elle me les nommait toutes, une par une, en me disant que plus vite je lui dirais ce que j'avais pris, plus vite elle pourrait me donner le contrepoison! En plus de ne pas connaître le nom de toutes les drogues qu'elle m'énumérait, je me sentais incomprise et en état de choc. Comme je ne coopérais pas assez à son goût, elle a décidé de me donner un calmant pour me tranquilliser.

Cet événement a été le moment décisif de mon adolescence. Si avant je croyais être différente en raison de ce que je vivais à l'intérieur de moi, maintenant j'avais une «preuve» physique qu'il y avait une différence entre ma vie et celle des autres. Et c'est aussi à ce moment que je me suis sentie seule au monde, car on ne comprenait pas ce qui m'arrivait. C'est aussi à partir de ce moment que j'ai entrepris des recherches pour valider mon expérience et trouver une autre personne qui comprendrait ce que j'avais vécu. Il m'a fallu plusieurs années pour trouver cette personne.

POURQUOI MOI?

Combien de fois ai-je posé cette question? Une centaine de fois sûrement. Et je la posais inévitablement après chaque phénomène vécu. Dans mes lectures, j'étais tombée sur un texte qui disait que les gens ayant des dons présentaient des dispositions particulières, par exemple, que les gens aux yeux bleus et ayant des menstruations douloureuses étaient assurément des médiums. Aujourd'hui, je ris un peu de cette explication, mais à l'époque j'y croyais, surtout que je correspondais à la description que l'on donnait.

Encore une fois, ce n'est que des années plus tard que j'ai compris pourquoi cela m'arrivait à moi. J'ai compris que mon canal s'ouvrait tranquillement à force de vivre ce genre d'expériences et que j'allais un jour pouvoir aider d'autres gens grâce à tout ce que j'en apprenais. J'ai fait cette grande découverte lors d'un atelier sur les rêves. J'y ai aussi appris tout ce que l'on pouvait faire avec ses rêves, d'ailleurs je t'en parlerai abondamment dans un autre chapitre afin que cela puisse t'aider à ton tour.

En fait, on peut continuer à se poser cette question très longtemps et ne jamais trouver la réponse. On peut être content ou malheureux d'être comme ça, mais maintenant que l'on sait que l'on est différent, on doit se demander ce que l'on peut faire avec ces facultés. Est-ce

---

Mieux vaut tard que jamais.

que je peux redevenir comme avant? Est-ce que je peux me fermer à tous ces phénomènes?

Je vais tenter de t'expliquer comment se développent ces facultés selon moi. Tout d'abord, sache que nous venons tous au monde avec ces facultés et que, selon la croyance populaire, tout le monde possède des dons. Moi, je dis simplement qu'à travers la vie que nous avons choisie, il y a des dons que nous aurons à développer plus que d'autres. Celui de la médiumnité est peut-être celui que tu as choisi pour accomplir ta mission de vie terrestre...

TABLEAU D'ÉVOLUTION DES FACULTÉS PSYCHIQUES

Au cours de notre vie, nous passons par des périodes de transition importantes et durant ces périodes nous sommes toujours un peu plus vulnérables aux changements. J'appelle cela l'évolution. Chaque étape d'évolution nous permet, selon moi, d'avancer vers autre chose.

Voici le tableau d'évolution psychique d'un enfant vers l'âge adulte.

DE LA NAISSANCE À 5 ANS: L'enfant ne fait pas la différence entre la réalité et le monde d'où il vient. Il peut encore voir des choses que nous, adultes, ne voyons plus parce que nous sommes maintenant devenus très terrestres. Alors, un jeune enfant peut nous parler d'une personne se promenant dans la maison, il peut le décrire parfaitement et ne comprendra pas pourquoi nous ne le voyons pas. C'est à cet âge que nous avons des amis «imaginaires» avec lesquels nous jouons. Nous leur parlons et ils nous répondent. C'est pour cette raison que les jeunes enfants vont nous dire des choses étonnantes et que l'on va se demander où ils ont été chercher tout ça. Et si un être invisible leur avait soufflé la réponse? Il peut s'agir de leur guide ou d'une personne de notre entourage qui est décédée.

À cet âge-là, on ne réfléchit pas, on ne l'a pas encore appris. On dit alors ce qui nous passe par la tête sans chercher d'où cela peut venir. On est spontané et, bien souvent, dans notre bulle, loin de ce qui se passe dans la réalité. Ces jeunes enfants qui déambulent autour de nous en racontant toutes sortes de choses, je les appelle des petits médiums ambulants! Si tu as à travailler avec ces jeunes en les gardant dans les camps de vacances ou si tu as de jeunes frères ou sœurs à la maison, étudie leurs comportements et écoute ce qu'ils ont à te dire, tu pourrais rester surpris!

Les jeunes enfants, particulièrement les bébés, voient notre aura, ils voient l'énergie qui nous entoure. Quand

Très facilement.

tu prends un jeune bébé dans tes bras, observe bien où il pose ses yeux, il va souvent regarder au-dessus de ta tête ou par-dessus ton épaule, alors c'est qu'il voit ton aura ou qu'il sourit à ton ange gardien!

Quand j'avais trois ou quatre ans, nous étions chez ma grand-mère et il était l'heure de partir. Bien qu'habituellement j'étais une enfant docile, cette fois je refusai de mettre mon manteau pour aller dans la voiture de mon père. Je me mis à faire une grosse crise: je ne voulais pas aller dans cette voiture. Alors, pendant que ma mère essayait de me calmer à l'intérieur de la maison, mon père est allé faire démarrer la voiture et au moment où celle-ci démarrait, le radiateur a explosé et tout son contenu s'est déversé à l'intérieur de la voiture, exactement là où ma mère et moi aurions dû nous asseoir. Ma crise s'est arrêtée instantanément après l'incident; j'étais redevenue calme.

Une autre fois, c'est mon fils de trois ans qui nous a surpris par sa rapidité d'esprit. Nous venions de sortir de l'hôpital Sainte-Justine et nous étions extrêmement fatigués parce que nous avions passé la moitié de la nuit aux urgences. On assoit Anthony derrière, dans son siège d'enfant, pour ensuite aller s'asseoir à l'avant. Comme on fait démarrer la camionnette pour partir, Anthony nous dit: «Faut aller mettre du gaz!» On regarde l'indicateur d'essence pour constater qu'effectivement, il était temps d'aller mettre de l'essence. Je le trouvais bien réveillé pour un petit bonhomme de trois ans de nous dire de faire ça. Quand je lui ai demandé qui le lui avait dit, il m'a répondu: «J'ai pas le droit de te le dire.» Et même quand j'ai insisté un peu, il n'a pas voulu me le dire.

Lors d'une de mes participations au Salon du livre de Trois-Rivières, une dame avec qui je discutais de mes précédents livres me confia que son jeune garçon Atos, qui avait quatre ans à l'époque, lui avait demandé au cours d'une visite dans un salon funéraire: «Maman, où est la petite partie qui était vivante au-dedans d'elle?»

DE 6 À 12 ANS: C'est une première grande transition. Nous quittons maman et papa pour aller dans une autre grande maison que l'on appelle l'école. Au début, notre ami imaginaire est encore présent. Dès que l'on rentre de l'école, on court le retrouver pour lui raconter notre journée. Graduellement, nous nous éloignons de cet ami imaginaire, car nous avons maintenant de vrais amis que nous voyons tous les jours.

Nous ne sommes plus dans notre bulle, car nous devons être à l'écoute de ce que nous dit le professeur et nous devons obtenir de bons résultats. On nous apprend de nouvelles choses, mais on ne nous parle pas de l'énergie que nous voyons encore quelquefois autour des gens ou des plantes. On commence à devenir de plus en plus «terrestre», maintenant on réfléchit avant de parler, car c'est ce que l'on nous enseigne toute la journée.

Tourne ta langue sept fois dans ta bouche avant de parler.

Pour certains enfants, cette phase se passe sans trop de tumulte, à part parfois quelques cauchemars que l'enfant fait durant des périodes de stress. Mais d'autres enfants vont rester accrochés à la première phase de leur enfance et vont continuer de «voir» des choses. Et c'est à force de se faire dire qu'il n'y a rien, que cela n'existe pas et que c'est dans leur imagination, que les enfants vont cesser de voir ce qui se passe dans le monde invisible. Et surtout vont cesser d'en parler, car on ne les croit pas.

Je suis moi-même passée par là étant jeune. J'avais toujours peur d'aller me coucher. Je devais monter à l'étage et passer devant la chambre de mes parents pour aller dans ma chambre. Dans leur chambre, il y avait une porte qui donnait sur le balcon extérieur, et cette porte me donnait la chair de poule, car elle s'ouvrait toute seule. Quand je parvenais à me raisonner, je passais en courant devant la porte qui était fermée et j'entrais dans ma chambre. Je plongeais alors dans mon lit et je tirais les couvertures au-dessus de ma tête: je ne voulais pas «voir». Mais il y avait des soirs où je savais avant même de monter que la porte serait grande ouverte dans la chambre de mes parents et là, je tenais tête à ma mère pour ne pas monter. Elle finissait toujours par gagner et je montais sur la pointe des pieds. Quand j'arrivais en haut des marches, j'étirais le cou et regardais de l'autre côté du passage, et si je voyais que la porte était ouverte, je m'assoyais là et je finissais par m'y endormir.

AUTRE EXPÉRIENCE: vers l'âge de 10 ans, j'ai vécu une expérience assez troublante. Ma chambre avait changé de place et je la partageais maintenant avec ma petite sœur de cinq ans. Je n'étais plus toute seule pour dormir, et puisque nous dormions dans le même lit, j'avais moins peur. Une nuit, je me réveille, car je sens que l'on me regarde, dans le cadre de porte de ma chambre deux hommes me regardent, je les vois très réels, mais je me dis que ça ne se peut pas, je suis en train de dormir. Je sens alors mon cœur battre tellement vite que je me dis que c'est impossible que je dorme dans cet état. Les hommes entrent alors dans ma chambre, ils sont habillés tout en noir, portent des lunettes et un chapeau noirs. Je ferme les yeux en espérant qu'ils disparaîtront, je fais semblant de dormir, mais je sais qu'ils savent que je ne dors pas. Ça dure quelques secondes, ils sont près de moi, me regardent à travers leurs lunettes, mais ne disent rien. Finalement, ils sortent de la chambre par la porte menant à la salle de bain. J'étais terrifiée, je ne pouvais même pas bouger, je savais que ce n'était pas un cauchemar parce que j'étais réveillée. Tranquillement, je me suis collée contre ma sœur et sa chaleur corporelle m'a aidée à me calmer et à me rendormir. Des années plus tard, lorsque j'ai écouté le film *Des hommes en noir*, je me suis dit que quelqu'un d'autre les avait sûrement vus aussi, que je n'étais pas folle et que ce n'était pas seulement un rêve, ces hommes devaient bien exister quelque part...

Si cela apporte du bien, fais-le.

Malheureusement, je ne pouvais parler de ces choses à personne. Mon père me réprimandait lorsque je parlais de ce que je voyais, il disait que je voulais seulement me montrer intéressante. Alors, j'ai cessé bien vite d'en parler. Plusieurs années plus tard, devenant moi-même maman, je m'étais dit que si mes enfants me racontaient de mauvais rêves, je les aiderais plutôt à les comprendre. Et il est arrivé au moins une fois où j'ai dû calmer mon fils Michaël. Il avait huit ans à l'époque et était sorti de sa chambre en courant et en criant. Je venais vers lui dans le passage et il fonça directement sur moi et m'enserra les jambes de ses bras. Il essayait de me dire que des ombres noires le pourchassaient. Tout en l'éloignant tranquillement de mes jambes, je lui ai demandé de m'expliquer ce qui se passait exactement.

Il se mit à me raconter que des ombres volaient dans sa chambre et se pencha comme si une chauve-souris courait après lui. Il criait et courait autour de moi. Je l'ai pris dans mes bras en lui disant que même si moi je ne les voyais pas, je le croyais et que nous allions leur demander de partir. Tout en retournant le border dans son lit, nous nous sommes donc mis à parler aux ombres noires et nous leur avons demandé de partir. Le lendemain au déjeuner, mon fils était bien reposé et ne se souvenait même plus de l'épisode!

DE 12 À 18 ANS: L'étape de l'adolescence montre le bout de son nez. On retourne dans la bulle que nous avions quittée vers l'âge de cinq ou six ans, on s'isole des adultes et de nos parents, surtout parce que de toute façon ils ne comprennent pas ce que l'on vit!

C'est une période où l'on se pose beaucoup de questions, et bien souvent les réponses que l'on nous donne ne nous satisfont pas. On a tendance à se rebeller, on rejette l'autorité, on veut être indépendant, on pense que l'on n'a besoin de personne. On recommence à parler sans réfléchir et c'est souvent loin d'être cohérent, car l'adolescent lui-même ne semble pas se comprendre!

C'est durant cette période que l'on perd ses repères. On cherche à s'en faire de nouveaux, par exemple le fait que tu sois en train de lire ce livre indique que tu cherches de nouveaux repères. De plus, on accumule de nouvelles énergies, et de nouvelles émotions nous envahissent. Sans oublier que notre corps physique se transforme lui aussi… On est comme un bébé qui découvre ses mains et ses pieds.

On devient alors vulnérable aux phénomènes paranormaux. Comme on retourne dans la bulle de notre enfance, il est normal d'y retrouver nos facultés et de se retrouver de nouveau à «voir» et à sentir des choses troublantes autour de nous.

Comme le monde invisible connaît cette étape et connaît ta fragilité, il vient alors te perturber ou encore il vient à ta rencontre pour te donner des réponses.

La chance appartient aux paresseux.

C'est maintenant à toi de travailler avec ces expériences plutôt que contre ces expériences. Il est alors très normal et fréquent d'entendre parler de phénomènes paranormaux dans une maison où il y des adolescents. Ta maison est remplie d'énergie en transformation, alors cela attire le monde invisible ou, si tu préfères, les esprits...

C'est d'ailleurs durant cette grande étape de ma vie que j'ai eu le plus d'expériences personnelles sur le plan psychique. De belles expériences et de moins belles. J'en partagerai quelques-unes avec toi dans les prochaines pages de ce livre.

ET APRÈS? Après être sorti de la période d'adolescence, tu entres dans le monde adulte, alors bienvenue dans la société! Tu dois maintenant te plier aux horaires de travail, aux responsabilités nouvelles d'un appartement, d'une vie de couple et assez vite d'un enfant. Cela laisse donc très peu de place aux expériences paranormales. Alors, comme lorsque tu entrais à la petite école, tu fermais un peu la porte de ton monde spirituel, tu recommences à le faire en entrant dans le monde adulte. Bien sûr, tu n'es pas obligé de la fermer complètement, cette porte, tu peux te servir de tes expériences et de tes nouvelles connaissances même dans ta vie d'adulte. Et si tu dois comme moi devenir médium, eh bien, cette porte, tu ne la fermeras jamais!

CHAPITRE 2

LE MONDE DES ESPRITS

Quel monde fascinant! Les esprits peuvent nous apprendre tant de choses lors de leurs communications, mais de façon surprenante, ils apprennent aussi de nous. C'est une des raisons pour lesquelles nous voyons plusieurs manifestations se produire, ils veulent nous démontrer leur accord ou leur désaccord, tout dépendant de la situation.

Je vais tenter tout d'abord de t'expliquer, d'une façon simple, en quoi consiste le monde des esprits. Ce monde nous l'appelons l'«au-delà». Il n'est pas limité comme tel. Il ne commence pas quelque part au-dessus des nuages! Les plans où évoluent les esprits sont parallèles au nôtre, ils gravitent tout autour de nous, c'est

Demande à ton ange gardien de t'aider.

pourquoi il peut t'arriver de les ressentir ou de sentir que l'on te regarde, c'est normal, des esprits, il y en a partout!

LES PLANS

Dans l'au-delà, il y a plusieurs plans ou, si tu préfères, plusieurs niveaux. Certains leur ont donné un nom, tels le plan causal, le plan mental... Avant, on ne parlait que du paradis ou de l'enfer. Bien sûr, ces endroits peuvent exister si l'on y croit. Ces différents plans servent à leur évolution personnelle, car les esprits continuent d'évoluer une fois arrivés dans l'au-delà. Je compare ces différents plans à une école primaire. Tous doivent commencer par la première année et évoluer vers la sixième année. Quand une personne décède, si elle est déjà très évoluée sur le plan terrestre, il lui sera alors possible de monter tout de suite en deuxième ou même en troisième année.

Ces plans d'évolution sont tous dans la lumière. Quand on dit «dans la lumière», cela veut dire que l'esprit a accès à sa pleine conscience, il n'y a pas de confusion, il sait où il est et ce qu'il fait. C'est vers cet endroit que nous dirigeons les âmes perdues ou les âmes errantes. Cette lumière est douce, sécurisante et apaisante, elle est remplie d'amour.

Sur les plans de lumières, on retrouve les êtres de lumières, les anges et les archanges, ton ange gardien personnel et tous tes guides. Plus loin, je t'expliquerai la différence entre un ange gardien et un guide. Leur intervention avec notre monde est toujours magique et agréable. Nous y retrouvons aussi la plupart des gens de notre famille qui sont décédés.

Il n'y a malheureusement pas juste les plans de lumière dans l'au-delà. Il existe un plan où règne la noirceur et le froid. On appelle souvent ce plan: le bas astral. Ce plan est rempli d'esprits qui ne veulent pas évoluer et qui ne croient pas à la lumière. Ce sont des esprits négatifs, qui sont bien souvent pris dans un cadre physique, ils ne savent pas qu'ils sont morts et continuent d'agir comme s'ils étaient vivants. Sur ce plan, nous retrouvons aussi les esprits moqueurs ou encore les esprits frappeurs.

Ensuite, il y a un autre plan qui se trouve entre deux mondes, c'est-à-dire entre notre plan terrestre et le premier plan de lumière. C'est un plan de transition pour les âmes qui ont besoin de vivre certaines expériences avant de traverser dans la lumière. Pour mieux comprendre le monde des esprits, je te conseille de lire mes trois premiers livres, ils traitent essentiellement des esprits et de leur évolution.

LA COMMUNICATION AVEC LES ESPRITS

Parfois, il arrive qu'un esprit traverse son plan pour se manifester sur le nôtre; on peut appeler cela une apparition ou une manifestation. Mais il arrive que nous aussi, nous traversions sur un de leurs plans, quand nous sommes en transe ou en méditation par exemple. La plupart du temps, la communication avec les esprits se fait par la télépathie. Pour t'aider à comprendre, disons que cela s'apparente à l'utilisation d'une radio portable. Celle-ci n'est branchée nulle part et pourtant, elle reçoit de la musique ou des commentaires venant d'animateurs. Tout cela, via des ondes invisibles à tes yeux. De plus, pour faire fonctionner ton appareil, tu as besoin de piles, ces piles sont une forme d'énergie.

Lorsque nous communiquons avec un esprit, nous utilisions des ondes et de l'énergie. La radio est le récepteur de la musique, tandis que ta conscience est le récepteur de la transmission des esprits. Tu peux voir les esprits, les entendre, les sentir ou les percevoir. Tu peux à la fois les voir et les entendre ou tu peux seulement les voir ou seulement les entendre. Les esprits peuvent communiquer pour plusieurs raisons, entre autres parce que tu le demandes ou bien parce qu'ils veulent te transmettre un message.

Toutes sortes d'esprits peuvent entrer en communication avec toi. Parfois, c'est un parent proche, un ami, mais il arrive aussi que ce soit l'esprit de quelqu'un que tu ne connais pas; il aura vu que tu es quelqu'un de sensitif et il essaiera de t'interpeller.

POURQUOI VOULOIR COMMUNIQUER AVEC EUX?

Tu peux vouloir savoir si un de tes parents ou amis va bien, s'il est rendu dans la lumière et s'il évolue agréablement dans son nouvel environnement. Ou encore, tu peux vouloir leur demander une aide spécifique, bien qu'il soit préférable de demander cela à ton ange gardien.

Il peut exister, pour toi, plusieurs raisons de vouloir communiquer avec eux et tant que tu restes positif et soucieux d'une évolution spirituelle, ces communications sont toujours appréciées. Tu dois comprendre que les esprits ont eux aussi une évolution personnelle à faire sur leur plan. Alors, certains esprits ne sont pas toujours disponibles pour te répondre.

Pose la question à tes rêves.

Voici d'ailleurs un petit truc facile à faire pour communiquer avec un esprit:

- Retire-toi dans un lieu tranquille où il y a une radio, syntonise la radio sur un poste où l'on fait jouer de belles chansons. Baisse le volume au minimum.
- Prends une bonne respiration et vide ton mental.
- Pense à la personne avec laquelle tu voudrais entrer en contact, visualise son visage dans ta tête.
- Pose-lui une question ou demande-lui simplement de te dire quelque chose.
- Quand tu es prêt, monte le volume de la radio et écoute les paroles de la chanson qui joue. Si c'est une annonce, écoute la publicité, elle pourrait te donner une réponse elle aussi, sinon baisse à nouveau le volume, attends quelques instants et recommence.

Parfois, une simple phrase dans la chanson peut être la réponse à ta question, il faut bien écouter. Dans le chapitre sur les rêves, je te donnerai un autre truc pour entrer en contact avec l'esprit d'une personne décédée.

Bien sûr, il existe plusieurs façons d'entrer en contact avec un esprit, mais il faut faire attention. Certaines méthodes utilisées sont, à mon avis, dangereuses, car tu peux ouvrir des portes et ne pas être capable de les refermer. D'ailleurs, je t'en parle plus loin dans le chapitre qui traite de la façon de développer ses dons.

Si tu as envie de faire une autre petite expérience, essaie celle-ci. Par contre, suis à la lettre les indications.

- Prends un beau papier à lettres et un crayon à mine bien aiguisé (pas un pousse-mine).
- Choisis un endroit dans ta chambre et déposes-y ton papier et ton crayon (essaie un tiroir ou une boîte vide).
- Place-toi en face de l'endroit choisi et ferme les yeux.
- Visualise de la lumière blanche tout autour de l'endroit choisi, autour du bureau ou de la boîte, une belle lumière lumineuse et brillante.
- Ensuite, demande à un être de lumière ou à un esprit précis de venir t'écrire un petit mot.
- Visualise encore quelques instants la lumière.
- Laisse quelque temps aux esprits, de quelques jours à quelques semaines, et retourne voir ton papier à lettres. Tu pourrais y voir des mots ou des dessins...

Avec ce truc, cela peut prendre du temps avant d'obtenir des résultats et il est important de ne visualiser que de la lumière blanche au cours de cet exercice, car ce que nous voulons expérimenter, c'est la communication avec le monde spirituel, et non faire venir de mauvais esprits ou des esprits moqueurs!

Pose le livre et regarde autour de toi, la réponse est près de toi.

LES MANIFESTATIONS

Les esprits se manifestent toujours pour une raison précise. Quand une manifestation est agréable, c'est presque toujours pour te dire: «Bonjour» ou «Je suis là». Par contre, quand une manifestation n'est pas agréable, cela veut dire qu'un esprit est dérangé, qu'il est pris ou mécontent de ce qui se passe, etc.

Certains esprits veulent simplement te faire peur, ils ne veulent pas te faire de mal. Ce sont des esprits moqueurs, ils cherchent à t'induire en erreur. Leurs manifestations ou leur langage ne sont jamais corrects. Ils viennent tout simplement chercher ton énergie afin de pouvoir se tenir sur notre plan terrestre. Donc, plus tu as peur ou plus tu te fâches contre eux, plus ils deviennent forts et continuent de te déranger. Si au contraire tu leur parles calmement; tu leur dis d'aller dans la lumière et tu restes indifférent à leurs manifestations, alors ils vont partir à la recherche d'une autre personne à déranger.

L'endroit dans la maison où il y a habituellement beaucoup de manifestations est d'abord la salle de bain. Pourquoi? Parce que l'eau est un conducteur médiumnique, c'est comme une passerelle entre notre monde et le monde de l'au-delà. Remarque, la prochaine fois que tu iras au cinéma pour voir un film traitant de sujets paranormaux ou que tu en loueras un, il y a toujours des séquences où l'on fait intervenir l'eau ou la salle de bain...

Quand j'étais adolescente, après mes épisodes de transe spontanée, j'avais peur de prendre ma douche toute seule. Je demandais toujours à quelqu'un de venir s'asseoir sur le siège de toilette, le temps que je me lave. Je gardais les yeux ouverts, même si du savon entrait en contact avec eux. Comme je commençais à «voir» des choses autour de moi plus clairement lorsque j'étais sous la douche, les images devenaient plus réelles, de même que les sons. J'avais toujours l'impression que quelqu'un me parlait ou que le téléphone sonnait.

Un autre endroit de prédilection pour nos amis les esprits est la chambre des adolescents. Comme que je te l'ai dit précédemment, le haut taux d'énergie dans lequel vous vous retrouvez à l'adolescence et votre vulnérabilité font de vous, ados, des proies faciles. Parfois, c'est intéressant, mais à d'autres moments, c'est désagréable.

Voici l'histoire d'une jeune fille ayant eu un esprit dérangeant dans sa chambre à coucher.

Lors d'une fin de journée de rendez-vous, une maman est venue me voir avec sa fille de 16 ans. M'expliquant que celle-ci ne pouvait plus dormir dans sa chambre tellement elle ne s'y sentait pas bien et qu'elle y avait peur, elle m'a alors demandé ce qui pouvait bien s'y passer. Je

Pas tout de suite.

n'ai pu lui donner que quelques informations, n'ayant pas assez d'éléments concrets sur lesquels me baser. De passage dans sa ville quelques semaines plus tard, j'ai décidé de m'arrêter chez elle afin d'aller voir de mes yeux sa chambre à coucher. J'avais amené avec moi mon matériel de nettoyage énergétique pour faire le ménage de sa chambre au besoin. En entrant dans la pièce en question, j'ai tout de suite senti des présences, celles-ci n'étaient pas mauvaises, mais elles étaient tout de même hostiles à ma présence. Parmi elles, j'en discernais une comme il faut, les autres, je n'étais pas capable de bien les percevoir. En plus de la présence d'esprits, il y avait l'énergie de la jeune fille qui flottait dans la pièce, une énergie grisâtre, ce qui veut dire un mélange de peur, de dégoût et d'abandon.

Continuant mon exploration et selon mes connaissances, je devais observer les lieux physiques. Sa chambre était-elle au sous-sol? Près d'une source d'eau? La sienne n'était pas au sous-sol, elle était située dans une partie reconstruite de la maison, au premier étage. Je vérifie donc si sa chambre donne près d'une piscine extérieure ou d'une rivière. Non. Alors, je demande s'il y a une autre source d'eau possible dans cette chambre ou près de celle-ci. La mère me répond qu'avant de construire la chambre de l'adolescente, il y avait une piscine creusée à l'endroit même où était la chambre présentement. Quand je lui demande s'ils avaient démoli la piscine avant de faire les chambres, elle m'a répondu qu'ils n'avaient pas démoli la piscine, mais qu'ils l'avaient plutôt enterrée.

J'étais donc en présence de plusieurs facteurs affectant la jeune fille; son âge, son énergie, sa prédisposition médiumnique, la source d'eau sous sa chambre et finalement le fait qu'elle ait déjà «joué» avec la planche de Ouija dans cette même maison, mais au sous-sol. J'ai alors fait un nettoyage énergétique partout dans sa chambre, j'ai envoyé l'esprit errant dans la lumière et j'ai fait quelques recommandations à la jeune fille.

Cette jeune fille n'est pas la seule à vivre ce genre d'expérience, il y en a plusieurs, autant les garçons que les filles. Alors, je vais maintenant te donner quelques directives à suivre si tu veux tenter des communications avec le monde invisible sans rester avec de mauvaises énergies.

Premièrement pour tout exercice ou expérience psychique, tu dois toujours te protéger (voir le chapitre des protections). Si tu fais tes expériences dans un endroit déterminé, nettoie l'endroit en faisant un ménage énergétique. Ne fais jamais d'expériences sous l'effet de drogues ou d'alcool, car cela attire toujours les esprits du bas astral. Si tu prends des médicaments pour maîtriser tes humeurs ou tes émotions, attends d'aller mieux pour faire les expériences, car sous l'effet de certains médicaments, celles-ci ne fonctionnent pas. Et dès que tu ne te sens pas bien ou que tu sens que tu perds le contrôle, cesse tout de suite ton expérience. Si tu leur en donnes la permission, les esprits peuvent avoir une forte influence sur toi.

Certainement.

Prends l'habitude d'écrire le résultat de tes expériences dans un petit cahier, c'est toujours intéressant de les relire, tu verras que parfois il se passe bien plus de choses que tu ne le penses.

Même si c'est amusant de communiquer avec l'invisible, il ne faut pas s'en moquer. Je l'ai déjà fait et cela m'a servi de leçon depuis...

Toujours pendant ma période d'adolescence, mon père et ma mère étaient séparés et je parlais souvent avec mon père au téléphone. Une des tantes de mon père était décédée et mon père l'avait vu apparaître dans son appartement. Alors, chaque fois qu'un phénomène bizarre survenait, on disait à la blague: «Ça doit être ma tante Thérèse!» Cette journée-là, tout en parlant à mon père, pour le taquiner, je lui dis:

– Ah! En passant, j'ai vu ma tante Thérèse...

Mon père, sachant que je voyais des esprits, me demande le plus sérieusement du monde:

– Ah oui? Et qu'est-ce qu'elle t'a dit?
– Elle m'a dit de te dire de me donner 50 piastres!

Entendant cela, mon père s'est mis à rire, et moi aussi. Rien de bien méchant. Le soir même, en me couchant, je fais mon petit rituel habituel et je termine en enlevant mes verres de contact. Je fais tellement attention à eux! Je les mets toujours très cérémonieusement dans leur étui. Le lendemain matin, en me levant, je fais ma toilette comme d'habitude, mais en ouvrant mon étui de verres de contact, je constate qu'il m'en manque un. Pourtant, je sais très bien que je les ai mis là la veille, je cherche partout autour, partout dans ma chambre, rien! Je mets alors mes vieilles lunettes et me rends immédiatement chez mon optométriste en chercher un autre. Grâce à mon assurance, je n'aurais pas à payer le plein montant pour le remplacement de mon verre, seulement la franchise, qui était de... 50 $! Depuis, je n'ai plus jamais fait de blagues sur les esprits!

LES SIGNES

Les esprits peuvent communiquer avec toi en te faisant des signes. Il en existe plusieurs, mais ici je vais t'en donner seulement quelques-uns. En fait, ce sont ceux que j'ai vus et entendus le plus fréquemment au cours de mes entretiens et dans mes expériences personnelles.

LES ODEURS ET LES COURANTS D'AIR

Parfois, tu es dans une pièce et toutes les fenêtres sont fermées, quand tout à coup, il te vient une odeur de fleurs ou une odeur de parfum agréable. C'est le signe qu'un bon esprit vient de passer près de toi. S'il te vient une odeur désagréable, alors il se peut que ce soit le contraire, qu'un esprit du bas astral vienne de traverser la pièce où tu te trouves. Si c'est une odeur vraiment particulière et que tu es capable de l'associer à une personne décédée, c'est signe de sa présence à l'endroit même où tu es. Les courants d'air, même chose, assure-toi tout d'abord que cela ne vient pas d'une fenêtre ou d'une porte ouverte ou encore d'un système de chauffage. Si c'est un courant d'air froid et glacial, c'est le signe d'un esprit du bas astral, si au contraire il s'agit d'un courant d'air chaud qui te donne un petit frisson agréable, c'est le signe qu'un bon esprit vient de frôler ton aura.

TÉLÉ, RADIO, ORDINATEUR, TÉLÉPHONE OU TOUT APPAREIL ÉLECTRONIQUE

Tu te souviens, je t'ai expliqué que les esprits communiquaient par les ondes télépathiques? Eh bien, parfois, ils s'emmêlent dans les ondes et agissent sur les ondes d'objets électroniques. Par exemple, une télé qui s'ouvre toute seule ou s'éteint toute seule, ou encore une radio qui s'ouvre et fait jouer de la musique à tue-tête. Quand cela arrive, comme pour tout phénomène étrange, il faut d'abord prendre le temps de réfléchir et d'analyser un peu. Si par la suite on croit être en présence d'un phénomène paranormal, on doit alors essayer de comprendre le message que l'on nous envoie. Regarde les images de la télé, de quoi parlent-t-elles? Qu'est-ce que cela te dit? Si c'est la radio, quelle chanson est en train de jouer? Qu'est-ce que cela te dit? Très important, essaie de te souvenir à quoi tu pensais au moment où le phénomène s'est produit, on veut peut-être répondre à une de tes questions.

Cela peut se produire aussi avec les ordinateurs, ils peuvent s'allumer tout seuls, ou tu peux voir des programmes s'ouvrir sans que tu aies cliqué dessus. Quant à moi, il est déjà arrivé qu'une de mes cousines veuille attirer mon attention en m'écrivant directement sur mon écran, c'est-à-dire que je tapais sur des lettres, mais ce sont d'autres lettres qui apparaissaient.

Les téléphones portables aussi fonctionnent via des ondes, alors il peut arriver que celui-ci serve d'outils à certains esprits. Une jeune fille m'a déjà envoyé un courriel dans lequel elle racontait une histoire concernant justement un phénomène produit avec un portable.

Plus d'une fois.

«Un de mes amis est décédé depuis quelques mois déjà. Et voilà qu'un jour, mon portable sonne avec, comme identifiant, le nom de mon ami. Croyant que c'était la mère du jeune homme qui me téléphonait, je répondis à l'appel. Au bout de la ligne, il n'y avait rien. Alors, je reprends mon téléphone et appelle la mère de cet ami, chez elle. Elle me réponds et me dit qu'elle n'avait pas essayé de me joindre, et encore moins avec le portable de son garçon. Pendant que j'étais avec elle au téléphone, elle est allée chercher le portable dans le bureau de son fils et m'a dit qu'il était complètement déchargé, depuis le temps!»

LES OMBRES

Les ombres que nous voyons passer furtivement autour de nous sont aussi signe d'une présence d'esprit dans la même pièce que nous. Nos yeux sont habitués à voir en ligne droite devant nous. Tout ce qui est dans le champ périphérique devient flou. Quand les choses ne bougent pas, nous n'y prêtons pas attention, mais dès que quelque chose bouge, nous tournons les yeux dans cette direction. Alors comme c'est un de nos sens que nous utilisons à moitié, celui-ci devient plus sensible à ce qui nous entoure et nous permet de voir passer une ombre, ce que nos yeux ne verraient pas si l'ombre passait directement devant nous. Cette ombre traverse sur notre plan, c'est pour cela que notre vision périphérique peut la voir.

LES ANIMAUX

Les animaux ont certains de leurs sens beaucoup plus développés que les nôtres, dont la vue, l'ouïe et l'odorat. Alors, il est tout à fait normal que ceux-ci voient, entendent ou sentent mieux que nous, les humains.

Tu as déjà vu ton chien aboyer après quelque chose d'invisible? Tu crois que c'était invisible parce que toi, tu ne le voyais pas, mais lui, peut-être qu'il voyait quelque chose? Ou bien un chat qui a les oreilles bien droites et qui suit quelque chose d'invisible en face d'un mur vide? Les esprits peuvent se servir d'eux pour te faire sentir leur présence. Si tu possèdes un animal et que tu crois que des esprits sont présents dans ta chambre, emmène l'animal dans cette pièce et observe sa réaction. Bien des gens vont me raconter que s'ils croient une pièce de la maison habitée par un esprit, c'est qu'entre autres, leur animal domestique refuse d'y entrer.

Plusieurs autres animaux peuvent être influencés par un esprit. Un papillon vient se déposer sur ta main, une libellule tourne autour de toi ou encore un oiseau se pose sur le bord de ta fenêtre. Tout cela peut être le signe d'une belle présence et d'un beau bonjour!

Et parlant des animaux, savais-tu que tu peux aussi communiquer avec ton animal décédé? Oui, oui, tu peux le sentir se coucher avec toi dans ton lit ou s'as-

Peut-être à un autre moment.

seoir sur le divan près de toi. Tu peux lui parler, il t'entend; bien sûr, il ne te répondra pas, encore que je crois que l'on peut comprendre télépathiquement nos animaux!

LE DÉPLACEMENT DES OBJETS

On pense parfois avoir la berlue quand on sait que l'on vient de déposer un objet à un endroit bien précis et que la seconde suivante il ne se trouve plus là. Ou encore que l'objet en question bouge sous nos propres yeux. Les esprits, pour pouvoir effectuer ce tour de force, ont besoin de notre énergie terrestre et à l'aide d'une accumulation suffisante d'énergie, ils peuvent déplacer un objet quelconque. Encore une fois, le but de cette manifestation, c'est d'abord d'attirer ton attention.

POURQUOI UN ESPRIT HANTE-T-IL UNE MAISON?

La plupart du temps, la raison pour laquelle un esprit hante une maison, c'est qu'il ne veut pas quitter définitivement notre plan terrestre et que notre présence le dérange. Il se manifeste alors pour que nous ayons assez peur pour décider de quitter l'endroit. Il veut nous signifier que nous ne sommes pas les bienvenus. Nous pouvons dire de cet esprit qu'il est pris dans un cadre physique. J'ai d'ailleurs déjà habité une vraie maison hantée, ici au Québec; dans cette maison, j'ai vécu toutes sortes de manifestations étranges; je raconte cette histoire en détail dans mon livre: *Des esprits habitent nos maisons.*

Une porte qui s'ouvre ou qui se ferme, porte de chambre, d'armoire ou d'entrée. Tout cela est le résultat d'une accumulation d'énergie terrestre utilisée par un esprit ou par un phénomène que l'on nomme *psychokinésie.*

Il est important d'aider l'esprit qui est pris à comprendre que sa place n'est plus ici, mais plutôt qu'elle est dans un monde de lumière. Voici un petit rituel facile à faire pour l'aider: imagine une boule de lumière blanche et envoie-la à l'esprit dérangeant avec beaucoup d'amour. Tu vas voir, soit l'esprit va cesser de te déranger soit il va suivre ta boule lumineuse et se diriger vers la lumière afin de poursuivre son évolution.

Si l'esprit persiste à se manifester malgré ces petits exercices et les rituels de protections expliqués plus loin, tu devras peut-être te tourner vers un médium qualifié pouvant faire partir l'esprit dérangeant. Souviens-toi, pour que l'on te prenne au sérieux, il faut que ta démarche soit bien documentée: la nature des manifestations, la fréquence, le moment où cela se produit, etc. C'est seulement à ces conditions-là que l'on t'écoutera.

C'est comme si c'était fait.

LES ESPRITS DE CEUX QUI SE SONT SUICIDÉS

Le suicide est un acte de découragement. La personne qui pose ce geste n'a pas vu les autres solutions qui s'offraient à elle, elle ne veut plus avancer dans sa vie, car cela lui est devenu trop pénible. Mais notre vie nous est permise dans le but d'y accomplir une mission et elle ne finira que lorsque nous aurons terminé cette mission. Arrêter notre vie, de nous-mêmes, en cours de route est un acte qui a de lourdes conséquences.

Premièrement, tu devras te regarder et te demander pardon à toi-même. Ensuite tu assisteras à la peine que les gens auront en découvrant ce que tu as fait et tu verras le traumatisme de la personne qui te retrouvera mort. Bien sûr, tu pourras accéder au monde de lumière pour comprendre ton cheminement terrestre et accepter tes faiblesses, mais selon moi, le plus important, c'est que peu importe l'évolution que tu y feras, tu devras revenir vivre une autre fois les épreuves que tu n'auras pas réussies dans cette vie-ci.

Si cela est arrivé à quelqu'un près de toi, envoie-lui beaucoup d'amour et beaucoup de prières. Dis-lui de se pardonner et d'aller vers la lumière. Il est tout à fait normal de chercher à comprendre son geste, mais malheureusement, notre conscience terrestre n'est pas encore assez grande pour tout savoir.

Ceci m'amène à te parler de la réincarnation...

LA RÉINCARNATION

La réincarnation, c'est lorsque nous revenons une nouvelle fois sur le plan terrestre, dans un autre corps physique, après avoir accompli une certaine évolution dans le monde astral. Le but de la réincarnation est de venir sur la terre pour s'améliorer en tant qu'être humain grâce aux événements heureux et malheureux de notre vie. Nous appelons ceci notre destin. Celui-ci est établi d'avance avec notre ange gardien, nous choisissons ensemble différents événements à vivre pour être en mesure de bien expérimenter ce que nous devons apprendre. Ce sera notre mission de vie.

Par exemple, savais-tu que nous avons choisi nos parents? Eh oui! Tu les as bel et bien choisis! Tu les as choisis pour la bonne raison que grâce à eux tu vas devenir qui tu es, c'est eux qui vont commencer ton éducation dans le monde terrestre. Et selon ce que tu auras à vivre, un type de parent en particulier te sera nécessaire. L'enfant qui doit apprendre à vivre l'abandon viendra au monde auprès d'êtres humains prêts à abandonner un enfant, alors qu'un enfant venu apprendre l'amour et la tendresse viendra au monde auprès de parents aimants et attentifs. Alors, essaie plutôt de remercier tes parents de t'avoir donné la chance de venir expérimenter ce que tu es venu faire ici, car nous commençons notre mission de vie par là!

Le temps de réincarnation n'est pas défini, le nombre de vies à faire non plus. Comme chacun va à son rythme, il serait difficile d'y mettre un temps précis. Grâce à des séances de régression sous hypnose, nous pouvons savoir qui nous étions dans une autre vie et ce que nous y avons fait. Parfois, c'est la curiosité qui nous y amène, parfois, c'est pour nous aider à comprendre les problèmes que nous avons dans cette vie-ci. Dans le chapitre sur les rêves, je te donnerai justement une autre méthode pour connaître qui tu étais dans une vie antérieure.

CHAPITRE 3

L'ANGE GARDIEN

Pour avancer dans ton cheminement spirituel et développer tes dons médiumniques, tu auras besoin d'un allié fort et solide, habitant le monde de l'au-delà. Cet allié, je te le présente, c'est ton ange gardien.

Tu dois savoir tout d'abord que nous avons tous un ange gardien et qu'il est près de nous 24 h sur 24, il ne nous quitte jamais. C'est toi qui as choisi cet ange gardien en fonction de la vie qui t'attend et de la mission que tu auras à accomplir. Vous vous êtes tout d'abord rencontrés dans l'univers astral et vous avez décidé d'un plan d'attaque. Sa mission est de t'aider à accomplir ce plan. Tout au long de ta vie, il te soutiendra, te fera des

Tu as trop de soucis en tête pour le moment.

petits signes et utilisera ton intuition pour te mettre sur la bonne piste.

QUI EST-IL?

Cela peut être quelqu'un que tu as connu dans une quelconque vie antérieure, une personne avec laquelle tu auras cheminé et accumulé du karma, mais ce peut-être aussi complètement une autre personne qui aura cependant les mêmes affinités que toi. C'est un être qui est très évolué et qui est déjà passé par la vie que tu devras mener cette fois-ci. Il a déjà vécu plusieurs vies, donc il a été plusieurs personnes différentes. Il ne porte pas de nom spécifique, c'est un être de lumière, donc une énergie, mais tu peux lui en choisir un si cela peut t'aider, ou tu peux lui demander de t'en proposer un.

Comme ton ange gardien a été choisi avant ta naissance, cela ne peut être quelqu'un que tu as connu ici et qui est décédé après ta naissance. Par exemple, si tu as connu ta grand-mère et que tu l'aimais beaucoup, lors de son décès elle ne deviendra pas ton ange gardien, elle deviendra une guide pour toi, qui pourra t'encourager de là-haut à accomplir ta vie terrestre.

ANGE GARDIEN OU GUIDE?

J'appelle l'ange gardien celui qui veille sur toi toujours. Les guides sont une autre sorte d'esprits, celle de gens décédés qui évoluent dans la lumière. Tu peux avoir fait leur connaissance dans cette vie-ci ou dans une vie antérieure. Ils sont autour de toi pour t'encourager dans ta mission. Tu peux croire que ton grand-père veille sur toi depuis son décès, ou un autre parent, mais ton ange gardien est celui qui connaît ton plan de vie et c'est le seul qui peut t'aider à bien le faire. Les guides sont de passage dans ta vie, ils vont et viennent, de temps à autre ils vont aider d'autres personnes, tandis que ton ange gardien n'a que toi à surveiller.

COMMUNIQUER AVEC SON ANGE GARDIEN

Tu peux communiquer avec lui aussi souvent que tu le veux, car il est toujours avec toi. Il existe plusieurs moyens pour entrer en contact avec lui. Tu peux lui parler à voix haute ou dans ta tête, comme tu le sens.

Un soir de pleine lune.

Voici quelques façons d'entrer en contact avec lui:

- Par la méditation
- Par les rêves
- Par des outils tels que les livres, les jeux de cartes ou la musique
- Par ton intuition ou par télépathie

PAR LA MÉDITATION

Trouve-toi d'abord un lieu tranquille où te retirer. Crée-toi une ambiance dans laquelle tu te sens bien, ferme les yeux et vide ton esprit. Commence par prendre conscience de ce qui se passe à l'intérieur de toi. Laisse passer les images, ne les retiens pas. Prends de grandes respirations profondes et concentre-toi sur cette respiration.

Quand tu te sens calme et que l'activité a cessé à l'intérieur de ta tête, demande à ton ange gardien de venir vers toi. Attends et continue tes respirations. Une forme peut se dessiner sur ton écran mental, une voix peut résonner à l'intérieur de ta tête, ou encore tu peux ressentir une légère pression à un endroit de ton corps.

Au début, tu peux avoir de la difficulté à maîtriser cet exercice, mais il ne faut pas que tu te décourages, il faut persévérer. Dès que tu sens sa présence, tu peux lui parler et lui poser tes questions.

La méditation peut être l'exercice qui déclenchera la communication avec ton ange gardien, mais cela pourra se poursuivre dans la journée d'une autre façon, je te parle ici des différents signes que tu pourras découvrir durant le jour, ils te sont expliqués plus loin.

PAR LES RÊVES

Utilise la méthode de la demande affirmative dont je t'explique la méthode dans le chapitre sur les rêves. Avant de t'endormir, parle-lui, explique-lui ce que tu veux obtenir de lui. Donne-lui rendez-vous dans un endroit quelconque. Au petit matin, pense à noter tout de suite ton rêve. Ajoutes-y un titre et inscris aussi tes émotions dès le réveil.

Ton ange gardien peut aussi te répondre instantanément grâce à différents outils que tu peux utiliser, tels les jeux de cartes intuitifs, les livres ou encore la musique!

CARTES SPIRITUELLES

Il existe sur le marché plusieurs jeux de cartes spirituelles, avec différentes inscriptions sur la croissance personnelle. Regarde-les bien avant d'en choisir un, fais confiance à ton intuition et finalement demande à ton ange gardien de te diriger vers le meilleur jeu pour toi en ce moment. Quand tu seras chez toi, prends ton jeu, ouvre-le et tiens bien le paquet dans tes mains, mets une main sur le dessus et l'autre en dessous, concentre-toi et mets tes énergies dans le jeu. Imagine que la lumière l'entoure et pénètre à l'intérieur, la couleur de la lumière importe peu. Ensuite, brasse les cartes, mélange-les, tout en continuant d'y mettre de la couleur et tes énergies. Pose une question à ton ange gardien et ouvre le jeu avec ta main droite ou sur une table devant toi. Avec ta main gauche, va chercher une carte. Lis ce qui y est écrit et médite sur le message reçu.

LES LIVRES

Il peut arriver que tu te sentes bouleversé et dépassé par les événements. Dans ces moments-là, tu voudrais bien sentir quelqu'un près de toi qui te comprenne et qui te soutienne. Maintenant, regarde autour de toi, il doit bien y avoir un livre qui traîne, peu importe son sujet. Prends ce livre et demande si quelqu'un est près de toi en ce moment, ou si ton ange gardien voit ce qui t'arrive. Mets tes deux mains sur le livre et concentre-toi. Quand tu es prêt à ouvrir ce livre, dis la page que tu liras, droite ou gauche. Une fois le livre ouvert, regarde bien la page que tu as choisie, elle contiendra une réponse à ta question.

Il existe des livres spirituels exprès pour répondre à ce genre de questions. Ce livre que tu tiens entre tes mains est justement un bel outil pour communiquer avec ton ange gardien. Tu pourras le découvrir au chapitre 5. Gageons que par la suite tu voudras toujours le garder à ta portée!

La musique peut, elle aussi, te répondre. Utilise la même méthode enseignée dans le chapitre 2, pose une question à ton ange gardien et écoute bien attentivement les paroles de la chanson.

LES SIGNES DE JOUR

Tout autour de toi te parle, regarde! Tu peux voir des signes partout, il suffit de prêter attention. Par exemple, tu es à l'arrêt d'autobus et tu te demandes si du dois retourner aux études ou continuer d'errer sans but. Quand l'autobus s'arrête devant toi, il est écrit en gros dans la publicité: «Cessez de tourner en rond et prenez votre avenir en main, commencez par étudier un métier que vous aimez...» C'est ton ange gardien qui te souffle à l'oreille de regarder l'autobus devant toi.

Ce signe est frappant, tu ne peux passer à côté. Regarde autour de toi, quand tu marches, les enseignes, les vitrines des commerces, les affiches, tout! Tu te demandes si tu dois inviter une amie pour sortir ce soir et tu es très indécis. Soudain, dans la file d'attente devant toi, deux personnes parlent ensemble, tu ne les écoutes pas vraiment, mais à un moment, une des deux personnes

---

Dans un lieu public.

dit à l'autre: «J'ai invité Anne-Sophie à sortir hier soir, elle était tellement contente et en plus on a passé une belle soirée!» Cette phrase a retenu ton attention? C'est un message. Parfois, on pose une question à notre ange gardien et il nous semble qu'aucune réponse ne vient. Il faut simplement être plus vigilant sur ce qui nous entoure.

Quand tu seras habitué à communiquer avec ton ange gardien, cela se fera plus facilement, alors, mets en pratique tout de suite plusieurs de ces méthodes et inscris les résultats dans ton petit cahier.

QU'EST-CE QUE NOTRE ANGE GARDIEN PEUT FAIRE POUR NOUS?

Bien sûr, il ne peut faire de miracle, même s'il est un ange! Tu dois comprendre que c'est toi qui dois accomplir ton chemin de vie terrestre, il ne peut le faire à ta place. Mais tu peux lui demander de t'envoyer de l'énergie pour traverser telle ou telle épreuve. Et il peut faire en sorte que tu ne te sentes pas seul...

CHAPITRE 4

LA PROTECTION

A vant de te parler de la possibilité pour toi de développer tes dons ou de te faire faire des exercices psychiques, laisse-moi t'expliquer une étape importante à franchir avant d'y arriver: la protection.

Elle consiste en une étape simple, mais, encore une fois et au risque de me répéter, très importante. Tu en auras besoin pour te promener dans le monde parallèle au nôtre. Celle-ci te protégera des mauvaises énergies, des ombres et des esprits errants dans l'astral. Elle pourra même te servir sur notre plan terrestre, contre les gens négatifs.

Bâtis-toi des forces avant.

Il y a la protection personnelle et la protection des lieux physiques. Je vais t'expliquer les deux et te donnerai des exercices à faire par la suite.

LA PROTECTION PERSONNELLE

La protection personnelle te servira à toi seul. Elle te protégera contre les influences extérieures. Lorsque tu t'intéresses aux phénomènes paranormaux, ton troisième œil s'ouvre tranquillement. Ne cherche pas cet œil sur ton corps physique, c'est une expression que l'on emploie pour parler de notre sixième sens! Ce point d'énergie se situe dans le milieu de ton front, entre tes sourcils.

Grâce à l'ouverture de ce centre d'énergie, ton intuition se développe tranquillement, tu peux maintenant voir, entendre et ressentir de nouvelles choses. Certains appelleront ça avoir des «flashs». Ceux-ci entrent en contact avec ton troisième œil, tandis que lorsque tu «ressens» les choses, cela se situe au niveau de ton plexus solaire. Ce point d'énergie se trouve à la hauteur de ton estomac, sous ta poitrine. Ces points d'énergie, on les appelle aussi chakras. Alors, lorsque tu ressens quelque chose d'étrange, c'est qu'il y a un contact qui se fait avec ton plexus solaire.

Il y a d'autres points d'énergie ou chakras sur ton corps, mais je ne te les expliquerai pas tous. Le but est surtout de te faire comprendre qu'il y a des endroits sur ton corps qui sont sensibles à l'énergie et à l'influence d'un monde invisible. Par contre, laisse-moi t'expliquer ce qui t'entoure pour que tu comprennes bien l'importance de la protection.

L'AURA

L'aura est une énergie qui nous entoure et qui entoure nos corps subtils, je t'explique plus bas ce que sont ces corps subtils. Tout ce qui est vivant possède une aura, les humains, les animaux, les végétaux...

Cette aura peut être de couleurs différentes s'apparentant avec la couleur des chakras. Rouge, orange, jaune, vert, bleu, indigo ou violet. Parfois nous pouvons voir l'aura des gens à l'œil nu, mais à d'autres moments nous ne pouvons en voir que le rayonnement sans en voir la couleur, il suffit de s'exercer.

Voici d'ailleurs un petit exercice pour t'exercer.

Demande à quelqu'un de se placer devant un mur vide d'objets et de couleur unie, blanc de préférence. Maintenant, regarde juste un peu au-dessus de la tête de cette personne, concentre-toi, laisse une couleur se former devant tes yeux, ne force pas, ensuite descends tranquillement au niveau de ses épaules. Continue de faire le tour de la personne et observe ce qui se passe.

La couleur de ton aura change grâce à tes émotions et à tes expériences. Quand tu es heureux et joyeux, les couleurs sont claires et lumineuses. Lorsque tu es maussade ou triste, les couleurs sont plus ternes et tu rayonnes beaucoup moins. Et si tu es en colère ou négatif, ton aura devient rouge flamboyant et tu rayonnes négativement.

Quand tu es capable de voir l'aura des gens, tu peux savoir comment les aborder ou comment réagir en leur présence. Maintenant, exerce-toi avec tes animaux, les arbres, les plantes, les fleurs...

LES CORPS SUBTILS

Les corps subtils entourent ton corps physique. Celui-ci est composé de matière, car tu vis dans la matière. Tes autres corps sont faits d'énergie, une énergie différente et reliée à différents endroits de ton corps: les chakras. Ils sont très rarement visibles à l'œil nu. Le corps subtil le plus près de toi est le corps éthérique, ce corps prend la même forme que ton corps physique. C'est celui-là que nous voyons lors d'apparitions ou lorsque nous voyons une personne décédée en rêve. Nous voyons son corps éthérique.

Par la suite, il y a le corps mental, celui-là t'aide à raisonner, il représente ta logique. Il est relié à ton troisième œil, c'est grâce à lui si tu peux penser et ordonner à ton corps physique de faire telle ou telle action. Le suivant est ton corps émotif, il est associé à tes émotions et il est relié à ton plexus solaire. Il y a aussi ton corps psychique, c'est à travers lui que tu peux développer tes dons, il est constamment en contact avec l'au-delà. Il est relié à ton septième chakra, celui que l'on appelle la couronne. Il se situe sur le dessus de ta tête.

L'aura entoure donc tous ces corps subtils et les protège.

Tu comprends maintenant pourquoi il faut faire l'exercice de la protection personnelle? Tu ne sortirais pas sans avoir enfilé tes vêtements? Alors, il en est de même pour faire des expériences psychiques. Tu peux faire l'exercice de protection avant chaque exercice, mais tu peux aussi prendre l'habitude de le faire tous les matins en te levant. Fais-le aussi souvent que tu le veux, entre autres, dès que tu te sens nerveux ou anxieux.

Voici l'exercice.

- Ferme les yeux et prends une grande inspiration.
- Souris à l'intérieur de toi.
- Maintenant, visualise que tu t'enveloppes dans un grand sac de couchage rempli de lumière blanche, lumineuse.
- Ce grand sac passe sous tes pieds et va jusqu'au-dessus de ta tête.
- Visualise que tu fermes la fermeture éclair du sac tout autour de toi.
- Tu te sens à l'aise et en sécurité.
- Tu peux demander à ton ange gardien de t'aider à faire cet exercice.

Te voilà maintenant prêt pour faire tes exercices psychiques! Tu peux modifier ce rituel de protection comme tu veux, tu peux ajouter des couleurs, des prières ou d'autres images. L'important, c'est que la lumière blanche fasse le tour de ta personne au complet, qu'elle passe sous tes pieds, au-dessus de ta tête, dans ton dos et devant ta poitrine.

Plus haut dans le texte, je te disais qu'il fallait te protéger d'un monde invisible, mais tu peux aussi le faire concernant les gens négatifs. Si tu te sens persécuté par des copains ou des adultes, cet exercice de protection peut t'aider. Quand on est sensible et émotif, les pensées, les émotions et les états d'âme des autres gens peuvent être contagieux. T'est-il déjà arrivé que quelqu'un te dise qu'il avait mal à la tête et que, quelques minutes plus tard, tu ressentes à ton tour ce mal de tête? Pourtant, on sait très bien, toi et moi, qu'un mal de tête n'est pas contagieux!

Alors, dès que tu te retrouves en présence de personnes avec lesquelles tu as des difficultés, entoure-toi de lumière et souris à l'intérieur de toi. Si par exemple tu te déplaces en transport en commun et que tu remarques que l'on te regarde trop à ton goût, au lieu de te sentir mal à l'aise ou de demander: «C'est quoi ton problème?», fais ce petit exercice.

LE MIROIR

- Après avoir fait ta protection avec la lumière, visualise que tu places un miroir devant toi, comme un bouclier. La partie réfléchissante vers l'extérieur.

- Répète cette phrase calmement dans ta tête: *«Ce miroir me protège, toutes vos pensées vous sont retournées immédiatement avec amour.»*

Cette technique permet de protéger ton aura des mauvaises pensées qui te sont envoyées télépathiquement par les autres. De plus, ces pensées que la personne était en train de t'envoyer vont se refléter dans ton miroir et cette personne va les recevoir à son tour dans son aura.

À 100 %.

LES VAMPIRES D'ÉNERGIE

Savais-tu que l'on pouvait te voler ton énergie? Un esprit peut le faire si tu lui en donnes la permission, c'est-à-dire si tu le laisses faire et que tu ne fais rien pour l'en empêcher. Mais encore une fois, les gens vivants autour de toi peuvent aussi le faire. Comment t'en rendre compte? Lorsque tu te retrouves avec des gens que tu aimes, si tu as du plaisir et si après les avoir vus, tu te sens avec des ailes, cela voudra dire que vous avez fait un bel échange d'énergie. Au contraire, si après avoir discuté avec certaines personnes, tu t'endors, tu te sens fatigué et épuisé, c'est que l'on t'aura retiré toutes tes énergies. Bien souvent, c'est involontaire de la part de la personne, elle ne se rend pas compte qu'elle le fait. Maintenant, observe autour de toi, qui te remplit d'énergie et qui t'en enlève? Quand tu auras fait ta réflexion, fais ton exercice de protection dès que tu seras en contact avec ces gens, tu vas constater immédiatement la différence.

LA PROTECTION PHYSIQUE

Maintenant que tu comprends l'importance de te protéger personnellement, nous allons apprendre à protéger tes lieux physiques. Ta chambre, par exemple, est un lieu où tu passes beaucoup de temps et qui doit te ressembler. Beaucoup de choses influencent les énergies. Les esprits, bien sûr, mais aussi tes émotions, les couleurs, les matériaux, les objets, etc.

Pour te sentir bien et en sécurité dans cette pièce, il y a des petits trucs intéressants que tu peux faire. Tout d'abord, commençons par la regarder ensemble. C'est la pièce que tes parents te prêtent dans leur maison. Si tu ne peux avoir une autre pièce, il te faut commencer par l'accepter. Ensuite, voyons les couleurs. Il y a un lien d'énergie à faire entre les couleurs et tes humeurs; celles-ci t'influencent beaucoup et tes influences attirent des êtres d'énergie. Donc, si tu as des couleurs machiavéliques, comme le noir, le rouge ou d'autres couleurs morbides, tu auras tendance à te refermer sur toi et tu attireras des énergies plutôt désagréables. Tandis que si tu as de l'orange, du jaune, du bleu ou du vert, les influences seront énergisantes.

Vient ensuite l'éclairage. Si tu peux laisser la clarté du jour entrer dans ta chambre, ce sera de la belle énergie naturelle que tu laisseras entrer. Au contraire, si tu tiens tes rideaux fermés tout le temps, tu empêcheras l'énergie naturelle d'y circuler. Même une toute petite fenêtre dans un sous-sol laisse entrer de la lumière naturelle.

La disposition de tes meubles est importante aussi. Essaie, autant que possible, de placer la tête de ton lit sur le mur nord de ta chambre. Ton sommeil sera meilleur.

Place le moins d'appareils électriques et électroniques possible près de ton lit. Les ondes, tu te souviens, sont invisibles, mais elles peuvent affecter ton sommeil. Si tu laisses la radio allumée toute la nuit, tu forces ton mental à rester éveillé toute la nuit pour écouter ce qui joue. Lui ne comprend pas que tu dormes, il se dit: j'écoute et j'emmagasine l'information. Il n'est pas étonnant que tu sois encore fatigué en te levant si un appareil a fonctionné toute la nuit dans ta chambre.

La musique que tu fais jouer dans ta chambre est aussi un élément important pour l'énergie. Si tu écoutes une musique qui te rend heureux et joyeux, tu ajouteras des énergies positives à ta chambre; par contre, si tu écoutes une musique qui te stresse et qui contient des paroles négatives, tu influences les énergies de ta pièce de la même manière.

Autre point important: l'énergie de ta chambre. Avant de dire partout que ta chambre est hantée et remplie d'esprits, il te faut analyser ce que tu y mets comme énergie. Nous avons vu l'aspect physique, voyons maintenant ses énergies. Tes émotions et ce qui se vit dans ta chambre remplissent l'air de cette pièce. Par exemple, si tu parles de belles choses avec tes parents, tes amis ou ton animal préféré, bien assis sur ton lit, de belles énergies circuleront dans ta pièce, tu attireras ainsi de bonnes personnes ou de bons esprits. Par contre, si tu entres en colère et que tu claques la porte de cette pièce, eh bien, tu la chargeras négativement. Si tu n'en fais pas le ménage, toutes ces énergies vont s'accumuler et t'influencer. Assis sur ton lit, tu auras de la difficulté à te calmer et tu pourras avoir des pensées négatives. Plus il y aura d'énergies négatives dans ta chambre et plus tu auras des présences désagréables. Les esprits errants aiment beaucoup ces pièces où l'énergie négative remplit les murs et les objets. Ils s'en nourrissent allégrement et font ainsi des manifestations physiques plus importantes.

Il est donc temps pour toi de faire un bon ménage d'énergie dans cette pièce. Chassons les énergies négatives et mettons-y du positif, c'est toi le premier qui en bénéficieras!

LE MÉNAGE

- Commence par faire un vrai ménage.

- Débarrasse-toi de ce qui ne te convient plus, vêtements, objets, souvenirs...

- Passe le balai partout, fais-le en chantant et en souriant, déjà tu y mettras des énergies positives.

- Place tes objets préférés en les époussetant et en les entourant de belle lumière. Imagine qu'ils rayonnent.

Assurément.

- Quand tu as terminé le vrai ménage et que maintenant ta chambre est à ton goût, fais le prochain rituel très sérieusement.

- Tout d'abord, procure-toi le matériel suivant: sel de mer, chandelle blanche, encens: sauge et oliban.

- Sois prudent avec le feu pour la chandelle et les encens, s'il le faut, demande à tes parents de surveiller avant et après ton rituel.

- Ferme la porte de ta chambre et installe-toi confortablement. Demande à ton ange gardien de t'aider à faire ce ménage. Entoure-toi de ta protection personnelle.

- Allume la chandelle et place-la dans un endroit dégagé, stable et sûr.

- Commence ton rituel en plaçant aux quatre coins de ta chambre une petite poignée de sel de mer.

- Tout au long du rituel, fais des prières, demande que des énergies positives entrent dans ta chambre, que l'amour soit présent, que ton sommeil soit récupérateur, etc.

- Visualise une belle lumière blanche partout dans ta pièce. Promène-toi avec l'encens, autour de ton lit, autour de tes objets et continue de prier, tu peux parler à ton ange gardien, tes guides ou encore à des gens que tu connais qui sont décédés.

- Quand tu auras fait le tour et que cela te semblera assez, ouvre ta fenêtre et demande aux énergies négatives ou aux esprits dérangeants de quitter ta pièce pour toujours, ferme les yeux et visualise ce nuage sortir par ta fenêtre. Ensuite, ferme la fenêtre, éteins ta chandelle. Tu peux laisser l'encens se consumer ou tu peux l'éteindre à ton choix.

- Assure-toi que tout est éteint avant de sortir de ta chambre. Ne laisse jamais une flamme ou quoi que ce soit brûler tout seul.

Maintenant, c'est à toi d'entretenir cette chambre. Places-y beaucoup d'amour, d'amitié et de lumière. Tu peux refaire le rituel aussi souvent que tu le veux. S'il y a des endroits dans ta pièce où tu voudrais que cela soit encore plus protégé parce que tu as l'intuition qu'il y a plus de négatif, places-y un petit sac, rempli de sel de mer, par exemple mets-en un dans ton garde-robe ou sous ton oreiller. Tu peux aussi placer à ta fenêtre un objet que l'on appelle «capteur de rêves», je t'explique en quoi cela consiste dans le chapitre sur les rêves.

Une jeune fille t'y aidera.

La protection physique de ta chambre est faite! Tu peux maintenant faire pareil pour toutes les pièces de la maison. Tu trouveras le rituel complet sur mon site Internet ou dans mes autres livres. En plus des pièces de la maison, voici deux autres endroits qui sont susceptibles d'avoir besoin de lumière. À l'école, on te donne un casier pour y ranger tes choses personnelles pour toute l'année. Quand tu l'ouvriras la prochaine fois, visualise à l'intérieur une belle lumière blanche, demande à l'univers une protection matérielle à cet endroit précis. Tes choses personnelles seront ainsi protégées, mais assure-toi tout de même d'y mettre ton cadenas!

L'autre endroit est la place physique que tu occupes dans la classe. Chaque fois que tu entres dans un cours, la place que tu choisis t'appartient seulement pour le temps du cours. Supposons que la personne qui occupait cette place avant toi est une personne turbulente et négative. Au moment où tu t'y assois, tu pourrais ressentir l'énergie que cette personne a laissée derrière elle, surtout si tu es une personne sensible. Cela pourrait t'empêcher de te concentrer pour suivre ton cours.

Alors, dès que tu t'assois, prends quelques secondes pour visualiser une belle lumière blanche autour de ta place et autour de toi. Tu verras, tu travailleras beaucoup mieux, tu seras moins dérangé par tout ce qui se passe dans cette classe. Fais ce rituel plus particulièrement les jours d'examens.

Il est aussi bon de faire ce rituel à notre place de travail, où nous faisons des activités, en fait partout où l'on doit partager des lieux physiques avec d'autres personnes pendant de longues heures.

C'est lors d'un salon d'ésotérisme à Montréal que j'ai appris à faire ce rituel. La première journée d'exposition finie, je me sentais fatiguée et épuisée. Je venais aussi de découvrir que les gens dans ce genre de salon te volent tes énergies si tu ne fais pas attention. Alors, dès que la deuxième journée a commencé, je me suis placé dans mon kiosque et j'ai visualisé une belle lumière blanche, tout d'abord autour de moi et ensuite, à la grandeur de mon kiosque. Je l'imaginais toucher au plafond et redescendre jusqu'au sol, je passais tout autour de ma table et je la voyais rayonner jusque dans l'allée. Une fois terminé, quelques minutes suffisent, je souris à l'intérieur de moi et je prépare mon matériel. La journée avance bien et j'oublie mon rituel, jusqu'à ce qu'un jeune homme circulant au centre de l'allée en regardant à gauche et à droite ce qui l'intéressait se dirige droit vers mon kiosque.

À cette époque-là, je tenais un kiosque pour parler de l'importance des rêves, je représentais les livres de mon professeur de rêves, madame Nicole Gratton. Donc, ce jeune homme s'avance vers moi et me pose des questions au sujet des rêves. Au bout d'un moment, il me demande: «En fait, savez-vous pourquoi je me suis arrêté ici?» Je le regarde et lui réponds: «Non, pourquoi?»

Pas cette fois, malheureusement.

En me regardant droit dans les yeux, il me dit: «C'est à cause de la lumière qui est dans votre kiosque, il n'y a qu'ici qu'il y en a!»

Je ne savais plus quoi lui répondre tellement j'étais surprise. Non pas que je croyais que mon rituel ne fonctionnait pas, mais que quelqu'un d'autre pouvait le voir. Alors, crois en la lumière que tu mets dans tes endroits physiques! Peu importe tes rituels, les objets ou les pièces que tu charges de lumière et d'énergie positive, il faut que tu y croies, sans cela, tes efforts ne donneront rien.

Maintenant que tes protections sont apprises, tu es prêt à développer tes dons, bonne pratique!

CHAPITRE 5

DÉVELOPPER SES DONS

Tout d'abord, il faut que tu saches que tout le monde possède des dons, il n'en tient qu'à nous tous de les développer. Plusieurs parmi vous auront plus de facilité que d'autres, car certains dons sont naturels, ils se développent au fur et à mesure que l'on grandit. Alors que pour les autres, ils auront à découvrir des méthodes et à faire beaucoup d'exercices pour y arriver. Je donne toujours l'exemple de la chanson. Nous aimons tous chanter, certains peuvent chanter tout naturellement sans fausser, alors que d'autres devront se perfectionner avec des cours de chant. Et il y en a qui auront beau suivre ces cours, ils n'arriveront jamais à chanter juste, ils se contenteront d'écouter les autres chanter ou ils le feront sous la douche!

Mercredi.

L'être humain n'utilise que 10 à 15 % de ses capacités psychiques. En travaillant tes dons, tu augmentes cette statistique à au moins 20 %.

Est-ce que développer ses dons, c'est mal? Non, ce n'est pas mal, à condition que cela soit fait dans un but d'évolution spirituelle. Cela peut être très utile à notre mission terrestre, par exemple ceux qui utilisent leurs dons de médium pour communiquer des messages d'amour et d'encouragement de la part de gens décédés, aident ceux qui ont des difficultés à faire leur deuil et permettent de régler des situations laissées en suspens.

Les clairvoyants, quand ils utilisent bien leurs dons, peuvent aider les gens à faire des choix éclairés pour leur avenir afin qu'ils puissent accomplir leur mission à leur tour et ainsi de suite. Il existe plusieurs dons, celui de la médiumnité, de la clairvoyance, de guérisseur, ou encore d'arrêter le sang ou la douleur, et il y en a encore beaucoup d'autres. Mais la base de ces dons est la même pour tous: l'intuition.

Comment savoir si nous avons un don? Il est très difficile de mettre une étiquette sur quelqu'un en lui disant: «Toi, tu as un don.» Car beaucoup de choses entrent en ligne de compte. L'adolescence est un phénomène particulier, le fait de te retrouver dans ta bulle peut provoquer la découverte d'un de ces dons. Et ce même don peut se cacher à l'intérieur de toi lorsque tu entameras ta vie d'adulte.

Si tu apprends maintenant à faire certains exercices, ils pourront t'être utiles tout au long de ta vie, pas seulement aujourd'hui. Lorsque tu développes tes dons, il faut que tu aies conscience du pouvoir que tu as. Tu as des limites et il faut que tu les respectes; ce pouvoir peut faire du bien, mais il peut aussi faire du mal. Il faut que tu comprennes que des conséquences découleront de tes exercices. De nouvelles portes vont s'ouvrir devant toi, dans un monde que tu ne connais pas encore, dans l'univers parallèle et psychique. Ces portes, tu as le pouvoir de les ouvrir, mais tu as aussi le pouvoir de les refermer. Il est possible aussi que par ton intérêt et tes pratiques, le monde de l'au-delà se manifeste un peu plus qu'à l'ordinaire, c'est tout à fait normal, rassure-toi. C'est qu'en découvrant une autre dimension, les portes entre notre monde et le monde de l'au-delà s'ouvriront et cela provoquera de petites manifestations.

Certaines personnes ont des croyances très arrêtées sur l'origine des dons. Ils vont te dire, par exemple, que c'est parce qu'ils sont le septième de la famille... Imagine, cela voudrait dire qu'aujourd'hui, plus personne n'aurait de dons, parce que l'on est rarement plus de deux ou trois dans la famille! Ou encore, ils vont te dire que c'est un membre de la famille qui a transmis le don à un autre, encore une fois cela limiterait les gens ayant des dons. Toi par exemple, si personne de ta famille n'a de don particulier ou personne n'est sur le point de mourir et donc de te transmettre un don, que feras-tu?

Vers midi.

Moi, je crois plutôt que l'on vient au monde avec ce don, parce que nous devons l'utiliser dans notre mission de vie et que Dieu nous l'a permis. Il est aussi probable que d'autres membres de ta famille aient des dons, et ils pourraient t'aider à développer et comprendre tes propres dons, c'est pourquoi tu as choisi cette famille-là!

L'INTUITION

L'intuition est la base de tous les dons psychiques que nous possédons. L'intuition, c'est la petite voix que tu entends à l'intérieur de toi, celle qui te suggère parfois de prendre telle ou telle décision. Elle est constamment en lien avec ton ange gardien et tes guides. C'est par elle que ceux-ci te parlent.

L'intuition est comme un muscle, plus tu la fais travailler, plus elle devient forte. Donc plus tu l'utilises, plus elle devient claire et précise. Tu t'es sûrement déjà entendu dire la phrase suivante: «J'aurais donc dû!» Ou encore: «Je le savais!» Cela vient de ton intuition.

Alors, commençons tout de suite par «muscler» ton intuition par de petits exercices faciles.

- Sans regarder ta montre et sans te fier à un détail physique extérieur, dis l'heure que tu penses qu'il est en ce moment même. Ensuite, regarde ta montre ou une horloge, vois à combien de minutes près tu y es arrivé. Répète souvent cet exercice à différents moments de la journée, tu verras qu'avec de la pratique, tu n'arriveras plus qu'à une ou deux minutes près.

- Lorsque le téléphone sonne, avant de regarder l'afficheur, demande-toi qui t'appelle et écoute bien ta petite voix, le nom qu'elle te donne. La même chose quand tu reçois un message texte sur ton portable et qu'une sonnerie t'en avertit: écoute le nom que ta petite voix te souffle.

- Avant de t'endormir, le soir, demande à te réveiller à une heure bien précise le lendemain matin, choisis une heure précise avant que ton cadran ne sonne. Remarque, au matin, que tu te réveilles exactement à l'heure demandée. Tu peux changer l'heure demandée afin de vérifier ce petit test.

- Exercice un peu plus difficile. Demande-toi quel genre de journée tu passeras aujourd'hui. Note quelques «flashs» ou émotions sur une feuille, que tu laisseras sur ta table de chevet. Quand tu rentreras à la fin de la journée, vérifie cette feuille et souligne ce qui ressemble à ce que tu as vécu.

Oui, bien sûr!

Par exemple, tu as l'intuition que Julie sera absente aujourd'hui ou bien qu'elle aura son chandail rose. Note-le. Tu as peut-être l'intuition que ton professeur te dira qu'il est fier de toi parce que tu auras réussi ton examen ou qu'il te dira que la directrice te fait demander. Note tout ce qui te vient en tête.

C'est en prenant des notes que tu verras l'évolution de ton intuition et de tes dons. Alors, choisis-toi un beau livre dans lequel tu inscriras tes expériences et tes commentaires.

LA TÉLÉPATHIE

Voici une autre façon de développer tes dons et ton intuition: la télépathie.

La télépathie, c'est comme si tu avais une grande antenne sur le dessus de ta tête qui envoie tes énergies et tes pensées dans l'univers ou à des personnes bien précises. Cette antenne te permet d'émettre, mais elle est aussi capable de recevoir des pensées venant des autres ou de l'univers. Une fois ces pensées captées par ton antenne, elles sont tout de suite transmises à ton intuition. Quand tu es à l'écoute de cette petite voix, tu entends immédiatement ces pensées.

Tu sais, quand subitement tu penses à un ami et que ton téléphone sonne et que c'est lui, c'est ton antenne qui a capté son appel avant même qu'il ne touche au clavier de son téléphone. Un autre exemple, quand tu penses à une personne sans raison et que dans les minutes suivantes tu croises cette même personne, dans la rue où dans un endroit bien particulier, c'est encore la télépathie qui te prévient.

Maintenant, faisons de petits exercices de télépathie.

Ferme les yeux et concentre-toi sur une personne en particulier, juste une, et demande-lui de t'appeler. Fais-le pendant quelques instants, répète-lui de t'appeler dès que le temps le lui permettra. Ensuite, tu peux dire merci et tu dois attendre. Quelquefois, cela arrive dans les minutes qui suivent, mais parfois cela peut prendre jusqu'à quelques jours.

Fais le même exercice, mais au lieu de lui demander de t'appeler, demande-lui de t'écrire.

Pousse l'exercice un peu plus loin, demande-lui télépathiquement de te parler d'un sujet en particulier lorsqu'elle t'appellera.

Maintenant pense à ton amoureuse (ou à ton amoureux) qui est allé faire une commission, qu'il te rapporte ta tablette de chocolat préférée. Concentre-toi, visualise son visage et envoie-lui télépathiquement cette demande. À son retour, elle pourrait te dire: «Tiens j'ai pensé que ça te ferait plaisir!»

Tu sais, quand tu offres un cadeau et que la personne te dit: «Eh bien! Je pensais justement à m'en acheter un...», c'est que télépathiquement tu as capté sa pensée.

Voici un petit exercice bien amusant. Lorsque tu es entouré de gens et que tu veux qu'une personne te regarde, fixe son front à l'endroit du troisième œil ou, si elle est dos à toi, fixe-la à la hauteur de sa nuque et demande-lui, dans ta tête, de te regarder.

Encore plus amusant, seulement dans le but de faire une expérience, fixe une personne à quelque distance de toi et suggère-lui télépathiquement de se gratter le nez ou l'oreille ou la joue et observe bien! Il y a beaucoup de choses que tu peux faire par télépathie, mais n'oublie pas, ton pouvoir à des conséquences, tu ne dois pas envoyer télépathiquement de mauvaises idées aux autres, car un jour ou l'autre cela pourrait te retomber sur le nez! C'est ce que l'on appelle la loi de l'univers ou bien le karma.

La télépathie peut être fort utile dans certains cas. Par exemple, si tu es en retard, pense télépathiquement à la personne que tu vas rejoindre, dis-lui de ne pas s'inquiéter et de t'attendre. La même chose pour tes parents, tu peux leur dire à distance que tout va bien et que tu les appelles dès que tu as accès à un téléphone.

Sois, toi aussi, réceptif. Si cela fait deux ou trois fois que l'image de tes parents traverse ton écran mental, donne-leur donc un petit coup de téléphone, histoire de les rassurer!

ÉMETTEUR OU RÉCEPTEUR?

Il existe cependant un petit obstacle à la télépathie, un obstacle que nous pouvons surmonter à force de le travailler. Il s'agit de savoir si tu es un bon émetteur ou un bon récepteur... ou les deux! Si tu es un bon émetteur, tu pourras envoyer toutes sortes de pensées et les bons récepteurs vont les capter. Par contre, si tu n'es pas émetteur du tout, tu peux bien envoyer tes pensées dans l'univers, elles vont être difficiles à capter. De même que si tu es un bon émetteur, mais que la personne avec qui tu tentes le test n'est pas un bon récepteur, tu pourrais te décourager bien vite!

Reprenons l'exemple cité plus haut, soit celui de demander à une personne bien précise de se retourner et de te regarder. Si tu es un bon émetteur et que la personne est un récepteur, elle devrait se retourner presque immédiatement. Si au contraire cela ne fonctionne pas, c'est qu'un de vous deux n'a pas son «antenne» dans la position souhaitée!

Un chagrin attire une joie.

Tu peux développer cette antenne, seul ou avec des amis. Par des jeux fort simples, mais qui demandent du temps et de la patience.

Il existe un jeu de cartes exprès pour tester les perceptions extrasensorielles des gens, le jeu Zener. C'est un jeune mathématicien, Karl Zener, qui, au début des années 1930, a décidé d'inventer ce jeu. Il comprend en tout 25 cartes. Sur ces cartes, il a dessiné cinq symboles différents: un carré, une étoile, une croix, un cercle et trois lignes ondulées.

Le but du prochain exercice est de savoir si tu es émetteur ou récepteur. Demande à un ami de t'aider.

L'émetteur émet et le récepteur reçoit. Si tu choisis d'être l'émetteur, voici la façon de travailler:

- Assieds-toi face à ton ami. Concentre-toi sur son troisième œil.
- Pendant ce temps, ton ami doit se concentrer à ouvrir son troisième œil.
- Prends les cartes dans tes mains et une à la fois, regarde le symbole de la carte, en le cachant à l'autre, et transmets-le par télépathie à ton ami en fixant son troisième œil. Répète le symbole mentalement dans ta tête et envoie-lui l'image.
- Recommence avec des amis différents pour développer ton antenne d'émetteur.

Si tu choisis d'être le récepteur, voici la façon de travailler :

- Assieds-toi face à ton ami. Concentre-toi sur son troisième œil.
- Pendant ce temps, ton ami doit se concentrer à ouvrir son troisième œil.
- Quand ton ami va lever la carte dans les airs, tu devras voir sur ton écran mental l'image que celui-ci te projette. Écoute, car tu peux aussi entendre le mot qu'il répète dans sa tête.

Il faut faire le test à plusieurs reprises pour obtenir des résultats fiables, pour que ce ne soit pas le fruit du hasard ou la chance qui t'influence. Statistiquement, Zener nous dit que la chance nous fera découvrir une carte sur cinq, soit 20 %. Si tu fais le test plus de 100 fois et que tu atteins plus de 30 % de réussite, cela voudra dire que tu as des capacités extrasensorielles en développement.

Tu peux aussi pratiquer tout seul ce jeu, afin d'améliorer tes intuitions ou tes perceptions. Place-toi dans un endroit retiré et tranquille. Tu auras besoin de concentration. Maintenant, place le jeu sur la table face à toi, symboles contre la table. Concentre-toi sur la carte du dessus. Dès qu'une image s'installe sur ton écran mental, mentionne-la. Retourne la carte et place-la dans la pile de réussites ou dans la pile d'échecs. À la fin de l'exercice, compte ton score et indique-le sur une feuille de papier. Tu pourras ainsi vérifier ton évolution.

Tu peux aussi utiliser un jeu de cartes ordinaires pour faire l'exercice. Tu débuteras par un exercice simple: noir ou rouge. Toujours les cartes face contre la table et en les tournant une à la fois, visualise sur ton écran mental si la carte du dessus sera noire ou rouge. Comptabilise tes cartes de réussite ou d'échec. Ensuite, augmente le niveau de difficulté, essaie de voir si cette carte est un carreau, un cœur, un trèfle ou un pique.

Toujours pour tester ta perception télépathique, voici un autre exercice intéressant. Choisis des images d'objets qui t'inspirent. Imprime-les individuellement sur du papier. Ton papier doit avoir la même dimension et la même couleur au dos de chacune. Place tes images sur la table face à toi. Regarde-les bien et mémorise-les bien. Retourne les images de façon à voir seulement l'endos de celles-ci et mélange-les. Maintenant prends une grande enveloppe et choisis une image au hasard, glisse-la sans la regarder dans l'enveloppe et ferme-la. Ramasse les autres images sans les regarder et place-les dans une chemise. Va placer ton enveloppe sous ton oreiller et demande à rêver de cette image pendant la nuit. N'ouvre ton enveloppe que lorsque tu seras sûr de bien avoir vu cette image dans ton rêve.

LA VISUALISATION

La visualisation est un don puissant. Tu as sans doute entendu parler du livre: *Le secret* ou bien du pouvoir de l'attraction? Plusieurs livres parlent de ce phénomène, alors je ne répéterai pas toutes les explications déjà données à ce sujet, je vais tout simplement l'appliquer à notre propre sujet, celui du développement des dons. Le phénomène de la visualisation fonctionne bien quand tu imagines ce que tu voudrais obtenir. Mais il fonctionne encore mieux quand tu ajoutes des émotions et du ressenti. Il faut donc faire travailler tout ces corps subtils.

Par exemple, tu voudrais bien avoir une belle voiture, alors tu visualises la voiture de tes rêves et tu attends... C'est bien, mais maintenant, visualise que tu prends les clés de cette voiture dans tes mains, sens-les bien dans le creux de ta main, ensuite imagine-toi en train d'ouvrir la portière et de t'asseoir à l'intérieur. Fais courir tes doigts sur les sièges, sens le confort et la texture du tissu. Prends le volant et encore une fois sens le cuir sous tes mains. Maintenant, attarde-toi à tes émotions, imagine que tu es super heureux et content, que rien au monde ne te fait te sentir mieux. Imagine ce que tu ressens une fois sur la route... poursuis ta visualisation tout en restant dans tes émotions.

Avec beaucoup de plaisir.

Le fait de mettre des émotions dans cette visualisation rend ta demande encore plus concrète. Tu lances dans l'univers un scénario réalisable.

Tu peux aussi visualiser un état. En te couchant le soir, tu peux visualiser une partie de toi que tu voudrais améliorer. Visualise-toi au meilleur de toi-même, comme si tu étais la vedette de l'heure, sûr de toi, souriant et très heureux. Au fil des jours, tu verras ton attitude changer et s'améliorer. Le pouvoir de notre subconscient est infini.

Visualise maintenant que tes dons se développent davantage. Vois sur ton écran mental la personne que tu voudrais devenir: un meilleur rêveur, un meilleur émetteur, un meilleur récepteur...

C'est aussi grâce à la visualisation que tous tes petits exercices peuvent fonctionner. Par exemple, lorsque je te disais, dans le chapitre de la protection, de t'entourer d'énergie, si en plus de la voir, tu peux la ressentir, cette protection sera encore plus efficace.

Et souviens-toi...

> "IL FAUT CROIRE EN SES RÊVES
> SI L'ON VEUT QU'ILS SE RÉALISENT."

LES OUTILS UTILISÉS POUR AMÉLIORER SES DONS

Il existe mille et une façons d'utiliser et de parfaire ses dons. Tu peux aussi utiliser des outils pour t'aider à y arriver. Celui que tu choisiras sera celui qui te conviendra le mieux. Choisis toujours tes outils en fonction de tes besoins du moment et de tes énergies. Ne laisse personne d'autre que toi utiliser tes outils, car ils sont chargés énergétiquement par tes énergies. Laisser les autres les toucher mélangerait les énergies et tu ne serais plus capable d'y voir clair. Ces outils sont le prolongement de toi-même, ce ne sera toujours qu'un support pour t'aider à avancer.

Les outils médiumniques les plus classiques sont les petites cartes à jouer, les tarots, le pendule, la numérologie, l'astrologie...

Ce livre pourrait aussi bien te servir d'outil... Tu te demandais à quoi servaient ces phrases dans le bas des pages hein? Eh bien, voilà la réponse!

LES RÉPONSES INSTANTANÉES

Toutes les phrases qui sont au bas des pages de droite de ce livre servent à répondre à une question que ton âme se pose.

Tout d'abord, tu dois savoir que ces réponses peuvent répondre en totalité ou en partie à ta question. C'est-à-dire que la réponse que tu trouveras aura peut-être besoin que tu creuses tes méninges pour bien l'interpréter, elle pourra te mettre simplement sur la piste. Alors que d'autres réponses seront claires et précises.

Je te conseille d'éviter de poser deux fois la même question, ou de poser la même question différemment en changeant simplement les mots. Les réponses différentes pourraient te mélanger encore plus. Médite plutôt sur la première réponse, trouves-en le sens et cherche à l'appliquer à ta vie.

Évite aussi de poser ta question dans un mouvement de colère ou de frustration. Ta tête étant remplie de mauvaises pensées, cela pourrait influencer ton choix de page et tu n'aurais pas une réponse adéquate à ta question.

Donc, la meilleure façon de travailler avec ce livre est celle-ci:

- Prends une grande respiration et souris à l'intérieur de toi.
- Vide ton esprit de toute pensée afin de pouvoir poser correctement ta question.
- Place une main sur le livre et une en dessous.
- Quand tu es prêt, pose ta question à haute voix (si tu préfères la poser intérieurement, tu peux le faire aussi).
- Ouvre maintenant le livre à l'endroit de ton choix et regarde au bas de la page de droite, tu trouveras la réponse à ta question.

Ta question doit être claire et précise. Voici quelques exemples:

- Est-ce que je vais réussir mon année scolaire?
- Devrais-je appeler cette amie pour me réconcilier?
- Mon ami va-t-il m'appeler ce soir?
- Est-ce le bon moment pour moi de me trouver un nouvel emploi?

Dans les outils mentionnés plus haut, j'ai omis volontairement la planche de Ouija. Voici quelques petites explications concernant ce «jeu».

Tu parviendras à tes fins.

LE OUIJA

Ce fameux jeu! Tu as sûrement entendu parler de cette planchette grâce à laquelle nous pouvons faire parler les esprits? Tu y as peut-être même déjà joué avec des amis ou tout seul?

Je te déconseille fortement son utilisation. Pourquoi? Voici quelques bonnes raisons.

Tout d'abord, à propos de cette planchette, il est vrai qu'elle peut servir à faire parler les esprits, mais elle est tellement mal perçue par les gens, que les esprits du bas astral se l'approprient pour faire leur entrée dans notre monde physique. On dit, lorsque le Ouija est utilisé, que nous ouvrons des «portes» dans notre univers pour leur permettre de venir se manifester.

Malheureusement, ces esprits, en quête de mauvaise énergie et de mauvaise influence, viennent te perturber. Ils viennent te faire peur afin de prendre ton énergie et rester à ton niveau pour le faire encore et encore. Ces énergies t'appartiennent et tu en as besoin pour évoluer sur le plan terrestre. Si un esprit te prend toutes tes énergies, tu deviendras bien vite fatigué et tu auras du mal à faire ce que tu as à faire. On parlera alors d'entité collée à toi.

Tes énergies sont en pleine croissance et ton âme aussi. Tu commences seulement à discerner le bien du mal, alors il est normal que les esprits moqueurs aiment que les adolescents sortent leur planchette. Ta crédulité leur permet de te faire croire n'importe quoi. Pour commencer, ils te répondront quelques vérités afin de te convaincre que tu communiques avec une personne bien précise (les esprits peuvent lire dans nos pensées), ensuite, lorsque tu es bien concentré sur les réponses, les esprits moqueurs commencent à te dire n'importe quoi. Tu vas assurément les croire puisque le reste était vrai! Et certaines de leurs réponses vont t'influencer insidieusement.

Supposons par exemple que tu t'imagines être en train de parler avec ta grand-mère décédée. Tout d'abord, les quelques premières réponses sont vraies, alors cela t'encourage à poser de nouvelles questions. Tu t'empresses alors de lui demander si ton nouvel amoureux est sincère envers toi. L'esprit moqueur ne t'amènera pas dans une énergie positive, car ce qu'il veut, c'est de l'énergie négative, il va te répondre que ton amoureux n'est pas sincère, qu'il te raconte des histoires... Tu auras alors un doute dans ton inconscient et lorsque tu vas voir cette personne, tu seras méfiante. Il te demandera pourquoi tu n'es pas comme à l'habitude et bientôt la chicane éclatera. L'esprit moqueur, qui sera toujours avec toi, rira bien de son méfait et en profitera pour prendre l'énergie négative émanant de vos auras pour continuer d'évoluer sur notre plan terrestre.

J'ai rencontré plusieurs personnes aux prises avec des entités collées à leur aura et presque tous avaient utilisé ce jeu. Il existe tellement de moyens plus spirituels pour communiquer avec les autres plans que je te souhaite de ne pas prendre celui-ci.

Ton manque d'expérience et ton ignorance font en sorte que les esprits peuvent traverser sur notre plan grâce au Ouija, mais ne retournent pas là d'où ils viennent. La porte utilisée par les esprits venus grâce à ce moyen de communication reste bien souvent ouverte et cela permet à d'autres esprits errants d'entrer sur notre plan.

Les esprits errants vont toujours aller vers les plus crédules et les plus vulnérables, alors si tu fais une séance avec des amis en te disant que les esprits ne colleront pas à toi parce que tu es fort et que tu sais ce que tu fais, ils ne vont effectivement pas se coller à toi, mais plutôt à cette amie qui est plus vulnérable que toi. Et l'esprit repartira avec cette amie à la fin de la séance. Donc, pense bien comme il faut aux conséquences d'une telle expérience.

Je déplore que ce jeu trône sur les tablettes des grands magasins, accessible aux jeunes, car bien souvent il est placé dans la section des jeux de société. C'est comme si l'on vendait des couteaux ou des allumettes avec les poupées et les oursons! Bien sûr, pour ces représentants, cette planchette est seulement un jeu de divertissement, cela ne fonctionne pas. Mais parles-en à ceux qui ont vécu de mauvaises expériences à cause de ces séances, ils te diront que plus jamais ils ne vont utiliser cet outil pour communiquer avec l'au-delà et que c'est un objet très dangereux quand il est mal utilisé.

CHAPITRE 6

LA MAGIE

«La Magie est l'étude et la pratique du maniement des forces secrètes de la nature.»
Papus

T u trouveras dans ce chapitre quelques informations simples concernant la magie. Car la magie fait partie de la dimension spirituelle traitée dans ce livre. Développer nos dons, c'est travailler à partir de soi, tandis que pratiquer la magie, c'est travailler à partir des éléments de la nature. En fait, à partir des quatre éléments: l'air, le feu, l'eau et la terre, que l'on retrouve d'ailleurs dans l'astrologie. Pour faire de la magie, il n'est pas nécessaire d'avoir un don, il suffit de vouloir apprendre et de bien pratiquer.

Demande à ton Dieu de t'y amener.

LES SORTES DE MAGIES

Il existe plusieurs sortes de magies: magie blanche, magie noire, magie grise, magie rouge, magie bleue... Chacune d'elle traite de sujets différents, en voici un bref aperçu.

Magie blanche. Avec cette magie, on fait intervenir les entités bénéfiques, les rituels que l'on fait sont positifs et sont faits pour le bien de l'humanité ou pour notre propre bien personnel. Par exemple, demander à l'univers un meilleur succès à l'école, demander à l'univers de corriger nos défauts...

Magie noire. Aussi appelée «sorcellerie». Ce mot est étroitement lié à cette catégorie de magie. Avec cette magie, on fait intervenir les entités du bas astral, on cherche à provoquer des événements négatifs, le tout pour faire du mal. Par exemple, souhaiter qu'une telle personne se blesse ou soit punie de telle ou telle façon.

Magie grise. À mi-chemin entre la magie blanche et la magie noire. C'est au départ un rituel pour faire le bien, mais au détriment d'une autre personne. Par exemple, tu fais un rituel pour faire venir à toi l'âme sœur, c'est un beau rituel, mais lorsque tu demandes à ce que ce soit une personne en particulier qui vienne vers toi, c'est là que l'énergie négative arrive. Car on ne peut souhaiter avoir telle ou telle personne dans notre vie, son destin n'est peut-être pas relié au nôtre. Faire un rituel de magie pour que cette personne arrive dans ta vie interfère avec le plan divin.

Magie rouge. Elle concerne tout ce qui touche l'amour, la passion, la sexualité... Lorsque nous utilisons cette magie, elle a un but très précis. Par exemple, demander à l'univers de nous faire rencontrer l'âme sœur ou de faire progresser une relation déjà existante.

Magie bleue. C'est la magie de la protection et de la guérison. Nous l'utilisons déjà quand nous demandons la protection lors de nos exercices psychiques.

Nous entendons beaucoup plus parler de la magie blanche et de la magie noire que des autres sortes de magies. La différence entre la magie blanche et la magie noire, tu l'auras deviné, c'est le bien et le mal. Dans ce chapitre, nous parlerons seulement de magie blanche.

La magie, tout comme le développement des dons, n'est pas une simple mode. Il y a des gens qui utilisent la magie comme un art de vivre. Une fois que l'on a étudié les techniques et fait quelques exercices, la magie peut devenir une façon plaisante d'affronter son destin, cela fait partie des croyances de certaines gens.

Écoute les paroles de la chanson que tu préfères en ce moment.

POURQUOI UTILISER LA MAGIE?

On utilise la magie pour exaucer certains de nos vœux. La visualisation est correcte pour réaliser ses souhaits, mais la magie est plus concrète. Tandis que la visualisation se passe seulement à l'intérieur de soi, la magie fait intervenir des objets comme les plantes, l'eau, la terre, l'encens, les cristaux, les chandelles, etc.

La magie, enfin, telle que je la conçois, ne peut faire de miracle tant que nous restons tournés vers la magie blanche. Alors, l'utilisation de la magie te sera expliquée afin d'améliorer certains passages de ta vie et certaines des qualités que tu possèdes au fond de toi. Elle est un outil de plus que tu peux utiliser, en synergie avec toutes les autres méthodes suggérées dans ce livre pour approfondir tes dons.

QUAND UTILISER LA MAGIE?

Lorsque nous utilisons la magie, il est conseillé de travailler avec les phases lunaires. Il y a tout d'abord la nouvelle lune. Ce cycle dure sept jours, et il est favorable à l'exécution des rituels pour les changements et pour prendre un bon départ en toute nouvelle chose ou tout nouveau projet que tu veux entreprendre.

Ensuite, il y a le cycle de la lune croissante. Lui aussi dure sept jours. Durant cette période, il est bon de renforcer tes demandes ou de vouloir améliorer certains aspects de ta vie, comme l'abondance, l'amour, la santé, etc.

Après, nous entrons dans ce que l'on appelle la pleine lune. Wow! Tu sais que durant cette période il se passe beaucoup de choses. Notre caractère, et celui des autres, est bien souvent influencé par cet astre. Alors, les rituels faits à la pleine lune doivent être faits très minutieusement, car les effets de la lune sont puissants.

Reste un dernier cycle, celui de la lune décroissante, qui dure sept jours lui aussi. Tu peux faire des rituels pour te débarrasser de mauvaises habitudes ou encore pour remercier la nature de l'accomplissement de tes objectifs grâce à la magie.

Bien entendu, lorsque tu t'intéresses plus particulièrement à la magie, il y a plein de choses à savoir concernant le moment où on doit la pratiquer. Par exemple, on parle des différents solstices, de l'importance des journées, etc. Mais ici encore, je désire rester dans la simplicité.

LE KARMA OU LES CONSÉQUENCES DES RITUELS

Le karma, c'est une loi de l'univers qui signifie que tout ce que tu fais aux autres te revient. Autrement dit, œil pour œil, dent pour dent! Quand tu fais le bien autour de toi, tu accumules du bon karma, alors que lorsque tu fais du mal, tu accumules du mauvais karma. Les gestes ne reviennent pas toujours par les personnes à qui tu as fait du bien ou du mal, ils reviennent parfois par d'autres intervenants et à des moments imprévisibles.

Il est donc bien important, quand tu développes tes dons et que tu te mets à pratiquer la magie, de savoir qu'il y a des conséquences et des limites à ce que tu peux faire. En aucun temps, tu ne peux intervenir dans le destin d'une autre personne, même si tu le fais par amour. Par exemple si tu souhaites la guérison de quelqu'un et que tu fais un rituel pour lui, tu ne pourras jamais modifier son destin. Si elle est venue apprendre des choses en traversant la maladie, tu ne peux la priver de celle-ci en faisant des rituels de guérison. Par contre, si tu veux vraiment aider cette personne, tu peux faire des rituels pour qu'elle soit plus forte et plus solide pour traverser cette épreuve.

Même si l'envie, parfois forte, de te venger te vient en tête et que tu souhaites utiliser la magie, souviens-toi que l'univers te retourne tout ce que tu souhaites aux autres...

Notre pouvoir sur notre destin a des limites, la magie aussi. Tu ne peux visualiser dans ta tête ou faire des rituels de magie, concernant par exemple la richesse, si tu es venu apprendre à traverser la pauvreté ou la simplicité volontaire! Il te faut être prudent avec les rituels, les outils utilisés, les incantations et la raison de ceux-ci.

Bon, commençons...

LA PRÉPARATION

Comme pour tous les exercices que je te propose depuis le début, il y a toujours une préparation à faire. Alors, dans un premier temps, assure-toi d'être calme et relax. Même si tu te sens légèrement excité de faire les exercices, ce n'est pas grave, c'est une bonne énergie. L'important, c'est d'être en bonne forme physique et mentale. Ensuite, chacun des outils utilisés ne devra servir qu'à tes rituels et à tes exercices de médiumnité. Alors, choisis-toi une belle boîte ou un joli coffret dans lequel tu pourras tout ranger une fois que tu auras terminé. Prends le temps de bien énergiser tes outils avant de commencer. Ceci sera ton premier rituel.

Les astres ne sont pas favorables à ta question.

L'ENDROIT ET L'AMBIANCE

Pour faire les petits rituels qui suivent, je te conseille de choisir un endroit calme et loin de toute activité, car tu auras besoin de te concentrer. Il faudra que ce soit un endroit dégagé, parce que tu auras à utiliser des chandelles. Installe-toi sur une petite table plutôt que sur ton lit.

TRÈS IMPORTANT: si tu n'as pas la permission d'utiliser des allumettes ou un briquet, fais ton rituel avec un adulte qui pourra surveiller les flammes.

LE LIVRE DES OMBRES OU GRIMOIRE

Tout au long de ton apprentissage, tu trouveras de nouveaux rituels et de nouvelles invocations. Parfois tu les choisiras à partir d'un livre ou d'un site Internet et à d'autres moments tu les créeras toi-même. Il est important que tu consignes tous ces rituels dans un livre. Ce livre, on l'appelle, en magie, le livre des ombres, ou grimoire. Ce sera comme un livre de recettes.

RITUEL DES QUATRE ÉLÉMENTS

Ces outils seront toujours utilisés lors des rituels faits avec les quatre éléments. En voici la liste.

Matériel de base pour l'incantation des quatre éléments:

- De l'encens d'oliban
- Une chandelle blanche ou un lampion blanc
- Un verre ou une coupe (pour l'eau)
- Un petit bol en terre cuite ou en céramique (pour le sel de mer)
- Du sel de mer (blanc sans parfum)

Le processus associé aux quatre éléments est le suivant:

- Prépare ton matériel de base, remplis ta coupe d'eau, mets une poignée de sel de mer dans ton petit bol, place ton encens sur son socle ainsi que la chandelle.
- L'ordre dans lequel tu placeras ces éléments est important pour notre rituel. Nous les placerons aux quatre points cardinaux et nous irons dans le sens des aiguilles d'une montre.
- Place d'abord, sans l'allumer, ton encens d'oliban en face de toi à ta droite, ensuite, directement en face de toi et près de toi, place ta chandelle sans l'allumer. Continue en plaçant à

ta gauche ta coupe ou ton verre d'eau et finalement, place, en face de ta chandelle, le plus loin possible, ton bol de sel de mer. Au centre, tu déposeras les objets liés à tes rituels.

L'incantation associée aux quatre éléments est la suivante:

- Dis tout haut les phrases entre guillemets et exécute les directives associées.
- *«Je demande la permission et la protection de Dieu et de mes guides pour effectuer le rituel des quatre éléments.»*
- Allume l'encens et prononce cette phrase: *«J'invoque la présence du Gardien de la Tour de l'Est, celui qui garde les Cieux et qui gouverne l'Air. Je t'invite à te joindre à ma célébration et à me prodiguer tes influences bénéfiques. Ainsi soit-il!»*
- Allume ta chandelle et prononce cette phrase: *«J'invoque la présence du Gardien de la Tour du Sud, celui qui garde le Feu sacré et qui gouverne cet élément. Je t'invite à te joindre à ma célébration et à me prodiguer tes influences bénéfiques. Ainsi soit-il!»*
- Trempe quelques doigts dans l'eau et secoue-les au-dessus de tes outils de travail et prononce cette phrase: *«J'invoque la présence du Gardien de la Tour de l'Ouest, celui qui garde les Eaux sacrées et qui gouverne cet élément. Je t'invite à te join-*

dre à ma célébration et à me prodiguer tes in-fluences bénéfiques. Ainsi soit-il!»

- Place tes doigts dans le bol de sel de mer, remue-le un peu et secoue-les au-dessus de tes outils et prononce cette phrase: *«J'invoque la présence du Gardien de la Tour du Nord, celui qui garde la Terre et qui gouverne cet élément. Je t'invite à te joindre à ma célébration et à me prodiguer tes influences bénéfiques. Ainsi soit-il!»*

Ici, tu vas placer le rituel que tu veux faire, par exemple celui des objets ou de l'âme sœur... peu importe.

- Une fois ton rituel accompli, tu poursuis celui des quatre éléments. Prononce cette phrase: *«Je vous remercie Gardiens des la Tour de l'Est, de la Tour du Sud, de la Tour de l'Ouest et de la Tour du Nord, de votre présence et de votre protection pour ce rituel. Au revoir et merci.»*

- Éteins tout d'abord ton encens d'oliban, ensuite souffle ta chandelle. Quand tu te lèveras complètement, tu jetteras l'eau dans le lavabo et tu jetteras le sel hors de la maison. Termine ton rituel des quatre éléments avec cette phrase: *«Forces invisibles de l'Univers, je vous remercie pour votre présence, votre force et votre protection. Avec un Amour parfait, je vous dis merci et au revoir. Ainsi soit-il!»*

Une âme qui guérit est une âme qui évolue.

Maintenant, tu es prêt pour faire tous les rituels avec à la base celui des quatre éléments.

LES DIFFÉRENTS RITUELS

Les rituels que je te propose dans les prochaines pages sont simples et faciles à exécuter. Dans les incantations proposées, tu pourras changer certaines paroles si ainsi tu te sens plus à l'aise. C'est un peu comme une recette, si tu veux modifier des ingrédients, tu essaies et tu vois le résultat. C'est pareil avec les incantations. Quand il faudra suivre à la lettre les incantations, on te le mentionnera.

RITUEL DES OBJETS

Au fur et à mesure de ton évolution spirituelle, tu utiliseras différents outils, certains pour la protection, d'autres pour développer tes dons. Pour chaque nouvel outil, sers-toi de ce rituel afin de lui donner tes énergies et lui demander d'être utile pour toi. Ensuite, sers-le avec les autres dans ta boîte de magie.

Prépare ton rituel de base des quatre éléments. Au centre de la table, place tous les outils que tu veux énergiser: talisman, bijoux, cartes, tarots, etc. Ensuite, commence le rituel des quatre éléments. Au milieu du rituel, prends tes outils un par un et élève-les au niveau de ton troisième œil. Demande à l'univers ou à Dieu que cet outil t'aide à faire le bien autour de toi ou te protège des mauvaises énergies. Visualise une belle lumière entourant cet objet, ensuite dépose-le au centre et continue avec le prochain objet jusqu'à ce qu'il ne t'en reste plus. Par la suite, termine le rituel de base des quatre éléments. Voilà, tes outils sont remplis de tes énergies et prêts à être utilisés pour développer tes dons.

RITUEL DE L'ÂME SŒUR

Tu peux considérer comme important le fait d'avoir un amoureux dans ta vie, même si ton bonheur ne dépend que de toi. Alors, voici un petit rituel pour faire venir à toi la personne qu'il te faut en ce moment.

Matériel requis:

- Matériel de base des quatre éléments
- Une chandelle rouge ou rose
- Une feuille de papier rose
- Un crayon à encre rouge
- Des petits objets représentant l'amour: des étoiles, des petits cœurs, l'image de deux amoureux sur la plage, etc.
- Un bout de ruban en tissu ou en papier
- Un petit sac-cadeau représentant l'amour
- Des ciseaux et de la colle

De façon graduelle.

Assure-toi d'avoir avec toi tout ce dont tu as besoin pour ne pas avoir à te déplacer de l'endroit où tu fais ton rituel. Place ton matériel de base des quatre éléments sur la table en face à toi et fais ton invocation des quatre éléments. Ensuite, au milieu de ton rituel récite l'invocation suivante et exécute les directives assorties:

- *«Je demande la présence des déesses de l'amour Aphrodite et Vénus, ainsi que celle du Dieu de l'amour, Éros, pour m'aider à exécuter ce rituel.»*
- Prends ton magnifique papier et inscris avec ton crayon rouge les qualités que tu voudrais que ton amoureux possède. Inscris-y aussi comment tu voudrais qu'il soit avec toi. Par la suite, sers-toi des objets que tu as choisis pour décorer ton papier. Une fois terminé, roule ta feuille et attache-la avec un bout de ruban. Place-la devant toi et prononce la phrase suivante: *«Aphrodite et Vénus, Déesse de l'amour et de la passion, entendez mon appel. Que vienne à moi l'âme sœur. Que la personne qu'il me faut en ce moment soit placée sur mon chemin. Accordez-moi la grâce de connaître un amour sans égal, qui soit partagé par un homme (une femme) loyal et de bonne foi.»*
- Prends la chandelle rouge dans tes mains, allume-la et ferme les yeux. Visualise à l'intérieur de toi qu'un jeune homme vient vers toi et te prend dans ses bras. Ressens les émotions provo-

quées par cette rencontre, ressens le baiser sur tes lèvres. Prononce maintenant cette phrase: **«C'est avec ce feu que la magie commence, le désir amènera vers moi celui (celle) qui m'est destiné.»**

- Éteins la chandelle et dépose-la devant toi. Maintenant, rassemble ta feuille enrubannée, ta chandelle et tes autres objets symbolisant l'amour, place le tout dans ton petit sac d'amour. Prononce la phrase suivante: **«Bats pour moi maintenant, ô cœur éternel, ressens le vide de la séparation. Rêve à moi sous les rayons de la lune, viens vers moi, guidé par les rayons du soleil. Et que l'énergie universelle de l'amour cosmique soit ainsi faite!»**

Termine ton rituel des quatre éléments. Quand ton rituel est complètement terminé, place ton sac sous ton lit ou dans un endroit secret et n'y touche plus avant d'avoir rencontré ton âme sœur. Quand celui-ci sera arrivé, tu pourras te séparer de ce sac.

RITUEL POUR LA SANTÉ, L'ABON-DANCE, LE SUCCÈS, LA RÉUSSITE

Matériel requis

- Matériel de base des quatre éléments
- Une chandelle de couleur associée à la demande
- Une image ou un objet positifs associés à la demande

Place ton matériel de base des quatre éléments et commence ton invocation. Au milieu du rituel récite l'invocation appropriée à ta demande.

LA SANTÉ. *«Je demande aux médecins de l'univers de m'aider à avoir une meilleure santé.»*

- Allume ta chandelle bleue et tiens-la dans une main, dans l'autre prends l'image ou l'objet positif. Visualise que tu es en parfaite santé. Si tu as un problème en particulier, place de l'énergie de la couleur de ta chandelle à l'endroit précis où se situe ton problème. Prononce la phrase suivante: *«C'est avec ce feu que la magie commence, la santé vient vers moi et réénergise mes cellules.»*
- Éteins la chandelle, place l'image avec celle-ci au centre de la table. Quand tu auras terminé tes remerciements aux quatre éléments, tu pourras

placer ces objets dans un tiroir ou dans un autre sac, jusqu'à ce que tu puisses t'en séparer.

L'ABONDANCE. *«Je demande aux Dieux de l'abondance de m'aider à mieux vivre l'abondance et à l'accueillir dans ma vie.»*

- Allume ta chandelle orange et tiens-la dans une main, dans l'autre prends l'image ou l'objet positifs représentant pour toi l'abondance. Visualise que tu es en harmonie avec l'abondance. Prononce la phrase suivante: ***«C'est avec ce feu que la magie commence, l'abondance vient vers moi et me rend heureux.»***

- Éteins ta chandelle, place l'image avec celle-ci au centre de la table. Quand tu auras terminé tes remerciements aux quatre éléments, tu pourras placer ces objets dans un tiroir ou dans un autre sac, jusqu'à ce que tu puisses t'en séparer.

LE SUCCÈS ET LA RÉUSSITE. *«Je demande aux Dieux du succès et de la réussite de m'aider dans l'accomplissement de mon objectif (nomme ici ton objectif ou ce que tu veux réussir).»*

- Allume ta chandelle violette et tiens-la dans une main, dans l'autre prends l'image ou l'objet positifs représentant pour toi la réussite. Visualise que tu es heureux d'avoir accompli ton objectif. Prononce la phrase suivante: ***«C'est avec ce feu que la magie commence, le succès et la réussite sont pour moi, ici et maintenant, je le mérite.»***

Tu y rencontreras de l'opposition.

- Éteins la chandelle, place l'image avec celle-ci au centre de la table. Quand tu auras terminé tes remerciements aux quatre éléments, tu pourras placer ces objets dans un tiroir ou dans un autre sac, jusqu'à ce que tu puisses t'en séparer.

Ce dernier rituel peut te servir pour améliorer tes dons. Nomme l'objectif que tu veux atteindre concernant ton développement spirituel et visualise-toi avec ce don. N'oublie jamais que la magie est un outil pour t'aider à accomplir ta mission de vie, tu dois de ton côté bouger et faire en sorte d'avancer. Pense à l'expression suivante: «Aide-toi et le Ciel t'aidera.»

LA BOÎTE À SOUHAITS

Procure-toi une petite boîte en bois avec un couvercle qui ferme bien. Décore-la avec de petits dessins ou objets représentant le bonheur et le plaisir pour toi. Tu peux aussi la prendre déjà toute faite avec de belles couleurs. Place-la au centre de ta table et invoque les quatre éléments. Fais ta demande pour que cette boîte devienne une petite boîte à souhaits. Pour faire ton rituel, laisse ta boîte ouverte afin que toutes les énergies pénètrent à l'intérieur. Durant ton rituel, tu y glisseras quelques grains de sel de mer que tu laisseras dedans par la suite.

Pour utiliser ta boîte, prends un petit bout de papier et inscris-y un souhait. Place-le ensuite dans ta boîte à souhaits et oublie-le. Tu peux aussi ajouter un objet lié à ton souhait en plus de ton petit papier. Quand tu sentiras que ta boîte ne réalise plus bien tes souhaits ou que cela prend trop de temps, refais une autre boîte avec le même rituel.

LES POUPÉES DU SOMMEIL

Un jour, une gentille dame qui tient une boutique de matériel ésotérique m'avait parlé d'un objet qui partait la nuit avec nos soucis et nos tracas. Cet objet était, en fait, une toute petite poupée faite avec des petits bouts de cure-dents et des fils de couleur.

Tu peux toi-même fabriquer ces petites poupées. Prends des cure-dents, forme une croix et enroule du fil autour de la croix. Tu ajoutes un autre petit bout pour former la deuxième jambe et tu continues de mettre du fil autour du nouveau morceau. Sur un des bouts, tu peux dessiner deux yeux et dessiner des cheveux. Une fois que tu en as fait quelques-unes, tu les places dans une petite boîte d'allumettes vide.

Quand tu as un souci ou un tracas, tu prends une petite poupée et tu lui confies ton problème. Tu lui demandes que, pendant ton sommeil, elle parte avec ton souci.

Respire un grand coup et reformule ta question.

Ensuite, tu places la petite poupée sous ton oreiller et tu t'endors calmement. Au matin, tu prends la petite poupée, tu lui dis «merci» et tu la brûles au-dessus de la toilette en disant que tes soucis sont partis avec elle.

CHAPITRE 7

LES RÊVES

Est-ce qu'il t'arrive de te souvenir de tes rêves? Non? Ne t'inquiète pas, il y a des gens qui disent qu'ils ne rêvent pas, mais c'est faux. Grâce à des laboratoires sur le sommeil, il a été prouvé que tout le monde rêve et que c'est même nécessaire à notre équilibre. Ceux qui disent ne pas rêver, c'est simplement qu'ils ne se souviennent plus de leurs rêves.

C'est bien malheureux, car nos rêves sont une source inépuisable d'informations sur nous-mêmes et sur notre vie. Dans ce chapitre, je vais t'enseigner une partie de ce que tu peux faire grâce à tes rêves. Tout d'abord, je vais te donner des techniques pour pouvoir te rappeler tes rêves et ensuite je te guiderai sur les informations contenues dans ceux-ci.

Pas avant demain.

LES CYCLES DU RÊVE

Aussitôt que tu poses la tête sur ton oreiller, ta nuit commence déjà. Tu dois maintenant savoir que celle-ci est divisée en cycles. Au début, le premier cycle donc, c'est la phase du sommeil profond, ensuite, tu passes en mode sommeil léger, puis au bout de quelques minutes tu retournes en sommeil profond, pour revenir encore une fois en sommeil léger, et c'est comme ça tout au long de la nuit. La durée de ces cycles est variable pour chaque personne et dépend du degré de fatigue accumulée par celle-ci. Le sommeil profond peut durer en moyenne de 80 à 90 minutes. Tandis que le sommeil léger durera, environ, de 5 à 10 minutes. Ce temps va varier au cours de ta nuit, au début, le cycle de sommeil profond est plus long que celui du sommeil léger, car tu as besoin de récupérer tes énergies. Plus la nuit avance, plus ton corps physique aura récupéré et plus ton sommeil léger durera longtemps, alors que la durée de ton sommeil profond, elle, diminuera.

Et c'est durant le cycle du sommeil léger que tu rêves. Plus ton sommeil léger dure longtemps, plus tu rêves. Chaque nuit, nous faisons en moyenne plus de cinq rêves. C'est donc surtout au petit matin, quand ton corps a bien récupéré, que tu rêves le plus, et c'est aussi à ce moment que la mémoire du rêve est la plus efficace.

QUE SE PASSE-T-IL QUAND TU RÊVES?

Tous les soirs, lorsque tu t'endors, ton âme quitte ton corps physique et retourne sur un des plans du monde astral. Sur ces plans, ton âme va vivre et expérimenter des choses extraordinaires et enrichissantes. T'est-il déjà arrivé d'être sur le point de t'endormir et de te réveiller en sursaut parce que tu avais l'impression de tomber? Eh bien, c'est que ton âme a essayé de quitter ton corps avant que tu ne t'endormes réellement!

SE SOUVENIR DE SES RÊVES

La mémoire du rêve subsiste, en moyenne, de 8 à 10 minutes après ton réveil. Ensuite, ton rôle terrestre va envahir tout ton espace et les images de la nuit vont être reléguées bien vite aux oubliettes. Parfois, un élément déclencheur dans la journée va faire remonter des images refoulées à la surface et tu vas repenser à un de tes rêves. Mais bien souvent, par ignorance, tu ne garderas aucun souvenir de tes voyages nocturnes.

Voici quelques techniques pour te rappeler tes rêves.

En premier lieu, l'intérêt que tu porteras à tes rêves va déjà beaucoup t'aider. De savoir qu'ils peuvent être

Tu y seras heureux ou heureuse.

utiles à ton évolution fera en sorte de stimuler cette mémoire. Demande-toi à plusieurs reprises dans la journée à quoi tu as rêvé durant ta dernière nuit, interroge souvent ton subconscient. Répète-toi plusieurs fois par jour: cette nuit, je vais rêver et demain matin je vais m'en souvenir.

Avant de t'endormir le soir, demande à te souvenir de tes rêves. Dis tout haut la phrase qui suit: *«À mon réveil, je vais me souvenir de mes rêves.»* S'il le faut, écris-la sur un bout de papier que tu laisseras sur ta table de chevet, pour qu'elle soit visible à ton réveil.

Pour commencer, fais l'exercice les matins où tu peux paresser un peu, comme la fin de semaine ou les jours de congé. Le réveil brusque est très mauvais pour la mémoire des rêves.

Ensuite, il faut que tu aies un élément déclencheur pour reculer vers les images qui sont gardées dans ton subconscient. Cet élément déclencheur peut-être un rituel que tu fais en te levant tous les matins. Par exemple, tu vas conditionner ton cerveau pour qu'il t'envoie tes rêves dès le moment où tu brosseras tes dents. Alors, quand tu auras la brosse dans la bouche, laisse remonter les images de la nuit au lieu de penser à ce que tu vas faire cet après-midi. Mon rituel, lorsque j'ai commencé à étudier les rêves, était que chaque matin, quand je mettais mes verres de contact, je me rappelais mes rêves. Une fois que je me suis habituée à travailler avec mes rêves, je n'avais plus besoin de ce rituel. Tu dois choisir quelque chose que tu fais dès ton réveil, car souviens-toi, la mémoire du rêve ne dure que quelques minutes.

Nous avons aussi une mémoire corporelle, cela veut dire que lorsque tu fais un rêve couché dans une certaine position, il te suffit de reprendre cette même position pour faire remonter le rêve dans ton subconscient, et quand tu réussis à avoir une image, essaies de tirer sur les images précédentes, comme si tu tirais sur une corde. Exerce-toi à bouger dans ton lit le matin quand tu te réveilles et prête attention aux images que cela provoque dans ta mémoire.

Un autre petit truc: parler de tes rêves avec les autres favorise ta mémoire du rêve et cela fait toujours un bon sujet de conversation, entre autres avec ta famille.

C'est difficile pour toi de te souvenir de tes rêves malgré tout? Sache que certains médicaments peuvent en être la cause. L'action de ces médicaments provoque le sommeil profond tout au long de la nuit. Comme le cycle de sommeil léger ne vient pas, les expériences que ton âme fait la nuit ne s'imprègnent pas dans ton subconscient. Tu rêves quand même, mais aucun souvenir de ceux-ci n'est accessible pour toi. Aussi, si tu es extrêmement fatigué ou que tu es dans une grande période de stress, la mémoire du rêve te fera défaut. Ton corps physique a besoin d'une bonne période de repos pour bien récupérer ses énergies, alors si tu as besoin de rester dans un sommeil profond plus longtemps, ton subconscient t'y laissera et il te faudra respecter cette situation.

Une autre chose peut faire défaut à ta mémoire du rêve: la peur. Celle occasionnée par le souvenir d'un cauchemar ou bien la peur d'être confronté à certaines choses de ta vie. Quand on comprend nos rêves, on ne peut se cacher derrière un rideau. Nos rêves sont le reflet de notre personnalité et de nos comportements, alors si on refuse de se voir tel que l'on est, nos rêves ne s'imprégneront pas dans notre subconscient et ne remonteront pas dans notre mémoire du rêve.

ÉCRIRE SES RÊVES

Écrire tes rêves dans un petit journal aide la mémoire du rêve, car quand tu commences à écrire, une foule de détails te reviennent en tête. Choisis-toi un beau livre coloré et rempli d'images pour que cela stimule encore plus cette mémoire. Tu peux aussi dessiner tes rêves, dessiner en marge les objets qui ont attiré ton attention, dessiner différents symboles ou encore certaines séquences au complet, comme si tu faisais une bande dessinée... Savais-tu qu'il y avait des gens qui rêvaient en couleur et d'autres, seulement en noir et blanc? Réfléchis, est-ce que toi, tu rêves en couleur ou en noir et blanc?

La tenue de ce journal va, entre autres, te permettre de mieux connaître la personne que tu es et il pourra te guider sur certains choix à faire dans ta vie. C'est aussi grâce à ces écrits que tu pourras voir si tu fais des rêves prémonitoires (je t'explique plus loin ce que sont les rêves prémonitoires). Tu pourras voir si tu avances bien dans ta mission de vie terrestre ou si tu es bloqué quelque part. Pour te permettre d'interpréter tes rêves, il y aura d'autres éléments importants que tu devras mettre dans ton journal.

Par exemple, la date. Celle-ci te permettra de te situer dans le temps. Avec elle, tu pourras faire des liens avec d'autres expériences psychiques faites la même journée ou lors de phénomènes spontanés. Tu pourras aussi t'apercevoir que certains rêves reviennent souvent aux mêmes dates ou périodes de ta vie. C'est grâce à cela que tu pourras comprendre enfin pourquoi tu fais toujours le même rêve. Cette date te servira aussi à voir le laps de temps qui s'est écoulé entre un rêve et la réalité de celui-ci dans le cas de rêve prémonitoire.

Voici un autre détail à ajouter dans ton journal. Lors de mes ateliers, j'ai appris à mettre un titre à mon rêve, un peu comme si je devais mettre ce rêve à l'affiche dans un cinéma. Il s'agit de te demander comment tu le nommerais. Le titre que tu choisis est bien souvent l'élément clé de la compréhension d'un rêve.

Apprends à souligner les éléments importants de ton rêve, par exemple une voiture roulant sur trois roues plutôt que quatre peut être un détail très important pour toi. Une couleur qui ressort plus que les autres, des paroles qui te reviennent ou des sons que tu as entendus. Tu peux écrire ton rêve avec très peu de détails, tout comme tu peux remplir des lignes et des lignes, mais attention à ne pas t'emmêler en donnant trop d'informations.

Dernier point important, inscris les émotions que tu as vécues tout au long de ton rêve, plus particulièrement celles ressenties à ton réveil, car ce sont les plus importantes. Lorsque tu sors de ton sommeil, es-tu heureux ou agité? Calme ou anxieux? Encore une fois, tes émotions permettent de mieux comprendre tes rêves.

À QUOI SERVENT LES RÊVES?

Les rêves sont très importants pour notre équilibre énergétique, ils nous permettent de connaître plein de choses sur nous-mêmes et nous révèlent des détails importants concernant notre mission de vie terrestre, mais ils servent aussi pour plusieurs autres choses.

Ils nous servent parfois de soupape de sûreté, c'est-à-dire que c'est par là que bien souvent notre trop-plein d'émotion va sortir. La frustration, la colère ou l'agressivité, entre autres, vont parfois se refléter dans tes rêves. Surtout après avoir vécu une journée difficile sur le plan des émotions. Évacuer ces émotions te permet d'avoir un meilleur équilibre dans ta vie.

Ils servent aussi à te passer des messages. Plus un rêve te fait ressentir des émotions fortes, plus le message à comprendre est important. Mieux tu comprends tes rêves, plus vite tu évolues dans ta vie terrestre. Ceux qui utilisent leurs rêves savent que ceux-ci sont un outil extrêmement puissant. Par exemple, tes rêves peuvent te prévenir que tu ne vas pas dans la bonne direction. Si tu rêves que tu es perdu ou qu'au bout de ton chemin il n'y a que du vide, cela voudra dire que tes choix actuels ne correspondent pas à ta mission. Ces messages peuvent aussi te préparer à vivre des épreuves difficiles ou au contraire des moments heureux.

Tes rêves vont servir à te faire pratiquer des expériences de vie. Ton destin, selon moi, est tracé d'avance, du moins ses grandes lignes, mais les chemins que tu choisis pour y arriver, c'est toi qui en décides, c'est ce que l'on appelle le libre arbitre. La nuit, quand ton âme sort de ton corps, elle va expérimenter des événements, et lors de son retour à ton corps physique, elle choisira l'événement qui correspond le mieux à l'accomplissement de sa mission terrestre.

C'est ce qui explique les phénomènes de déjà-vu. Quand un événement se déroule devant toi et que tu as la prémonition des scènes qui vont se dérouler dans les secondes suivantes, c'est que tu en as déjà fait l'expérience dans tes rêves et que c'est le chemin que ton âme a choisi à ce moment précis. Cela ne dure que quelques instants et ce n'est pas la même chose qu'un rêve prémonitoire. Il peut arriver aussi que tu te retrouves dans un endroit et que tu aies l'impression d'y avoir déjà été, mais aucun souvenir de ta vie réelle ne te revient de cet emplacement. Si tu sais que tu n'y as jamais été avant aujourd'hui et que, malgré tout, cet endroit te semble familier, c'est que tu y as déjà été, mais en rêve...

LES CHOSES À FAIRE EN RÊVE

Tu peux faire plein de choses intéressantes en rêve. Il n'existe aucune limite sur le pouvoir de ton âme dans les rêves, alors si tu veux expérimenter c'est le temps! Avant de t'endormir, tu n'as qu'à formuler une demande. Cette demande, tu dois toujours la formuler de manière affirmative et être sûr de toi. Par exemple, «**Cette nuit, je vais à tel ou tel endroit**» ou «**Cette nuit, je fais telle ou telle expérience**». Répète ta demande à voix haute si tu le peux, cela rend celle-ci encore plus concrète, ou encore écris-la sur une feuille.

L'état de rêve te permet de régler des conflits. C'est parfois plus facile de le faire à l'état de veille que dans la réalité. Surtout si tu es gêné ou si tu crois que l'autre personne ne t'écoute pas. Alors, en te couchant le soir, tu demandes la permission de rencontrer… (nomme-la), dans le but de régler un conflit. Imagine-toi en train de parler calmement à cette personne, termine tes images en serrant la main de la personne ou en l'embrassant si tu es plus intime avec elle. Endors-toi avec la phrase affirmative suivante: **«Cette nuit, je règle le conflit que j'ai avec (le nom de la personne).»**

En te réveillant, note si tu as rêvé à la personne concernée ou aux événements vécus dernièrement avec celle-ci. Remarque la prochaine fois que tu croiseras cette personne comment elle se comportera avec toi. Si elle est près de son âme, tu verras, c'est magique, la transformation qui se passe.

J'ai dit un peu plus haut que les rêves servent à nous faire pratiquer différents scénarios de notre vie, mais tu peux choisir consciemment ce que tu veux pratiquer. Si tu suis présentement un cours quelconque, de conduite automobile par exemple, eh bien, tu as toute la nuit pour t'exercer! Prépare ta demande toujours de manière affirmative: **«Je conduis de mieux en mieux.»** Durant la nuit, ton âme va donc expérimenter la conduite automobile et lorsque tu reprendras le volant dans ta vie terrestre, tu devrais voir une amélioration de ta conduite.

Plusieurs athlètes utilisent leurs rêves dans le but d'améliorer leurs performances, alors pourquoi pas toi?

Malheureusement, tu n'es pas prêt.

Tu veux être un meilleur joueur de hockey, une meilleure danseuse de ballet? Demande à tes rêves de te faire pratiquer! Sers-toi de tes rêves pour améliorer aussi tes performances scolaires. Endors-toi en faisant l'affirmation suivante: «**J'améliore ma compréhension en mathématiques.**» Tu risques de voir des chiffres et des équations toute la nuit, mais au moins, lors de ton prochain examen, tu pourrais aussi comprendre beaucoup mieux ce qui va t'être demandé.

Ensuite, tu peux améliorer certains aspects de ta personnalité. Fais une demande dans ce sens: «**Je deviens de plus en plus tolérant.**» Ou: «**J'ai de plus en plus confiance en moi.**» Tu peux te servir de tes rêves pour améliorer tes dons actuels. Dans certains de tes rêves, tes guides peuvent venir à ta rencontre et te faire comprendre des choses ou te faire faire différentes expériences psychiques. Dans le langage spirituel, nous appelons ces rêves: des rêves d'initiation.

Amuse-toi dans tes rêves, visite d'autres pays, visite des bibliothèques, des musées, laisse aller ton imagination, les rêves ont des possibilités infinies... Essaie ce truc: demande à un de tes amis de venir te rejoindre dans tes rêves. Donnez-vous rendez-vous à un endroit précis. Et le lendemain, écrivez vos rêves... Il y a quelques années, j'avais involontairement rejoint une de mes amies dans un de mes rêves. Au matin, on s'appelle, on jase de tout et de rien et je lui parle de mon rêve. Elle me coupe et me décrit la fin de mon rêve. Je suis restée très surprise, nous avions fait le même rêve, au même moment et nous nous en sommes souvenues toutes les deux! Cela veut dire que nous avons été en sommeil léger au même moment.

Tu connais la phrase suivante: «La nuit porte conseil?» Justement, tes rêves sont là pour ça, et ils peuvent donc t'aider. Tu n'as qu'à demander à tes rêves si tu fais en ce moment les bons choix dans ta vie, par exemple: «**Est-ce que ce choix de cours est favorable pour moi?**» Ou bien: «**est-ce que cet emploi me convient?**»

Bien sûr, il faut maintenant que tu comprennes le sens de tes rêves!

L'INTERPRÉTATION

Chaque individu est unique, donc chaque rêve appartenant à celui qui le fait est unique. Les dictionnaires de rêves peuvent te mettre sur une piste, mais ne pourront jamais interpréter un de tes rêves. Par exemple, prenons un rêve simple pour toi et moi. Nous sommes chacun en train de rêver que nous sommes assis au beau milieu d'un parc, tranquilles et seuls à contempler ce qui nous entoure. Tout à coup sur notre droite, un beau chat couleur caramel se dirige doucement vers nous, il nous frôle, fait le tour de notre corps et revient s'asseoir devant nous. Au matin, on se réveille et on note notre

Pas si tu regardes vers le passé.

rêve. Le symbole important du rêve est le chat. Tu vas te demander, pour toi, que représente le chat. C'est gentil un chat, tu aimes les chats, donc tu pourrais penser qu'une gentille inconnue viendra dans ta vie ou qu'une personne occupant déjà une belle place dans tes amitiés viendra te voir. Au contraire de toi, moi je n'aime pas beaucoup les chats, je les trouve surtout hypocrites, car j'ai peur de les voir me sauter dessus à un moment imprévisible. Donc, l'interprétation que j'en ferai, moi, sera de me méfier de quelqu'un près de moi ou d'une nouvelle personne qui s'approchera de moi, c'est ça que mon rêve veut me dire. Alors, tu vois, même si nous avons fait le même rêve, toi et moi, il existe au moins deux interprétations différentes.

Voici un autre exemple. Un homme vivant en ville, travaillant dans un bureau toute la journée, ayant accès à son ordinateur continuellement, rêvera très rarement la nuit à une ferme avec des animaux et des tracteurs. La même chose pour le fermier qui travaille au grand air toute la journée, à nourrir ses animaux et à faire sa récolte. Il ne rêvera probablement pas à des ordinateurs ou autres gadgets du genre. Comme ces hommes gravitent dans deux mondes différents, il est tout à fait normal que leurs rêves ne soient pas faits avec les mêmes images et les mêmes symboles.

Les symboles utilisés dans tes rêves sont en accord avec ta personnalité et avec les expressions que tu utilises, ils sont aussi en accord avec tes croyances. À un moment donné, une certaine croyance était véhiculée voulant que lorsque nous rêvions à quelque chose de particulier, eh bien, cela ait voulu dire que dans notre vie, c'était le contraire qui se produirait. Tu as sûrement entendu tes parents ou tes grands-parents dire: j'ai rêvé à une mort, alors il y a une naissance qui s'en vient! Ou encore: j'ai rêvé qu'il y avait de la merde partout, alors ça veut dire que je vais avoir beaucoup d'argent!

Logiquement, quel est le lien entre la mort et la naissance? Le contraire bien entendu, la mort, c'est la fin alors que la naissance, c'est la vie, donc le début. Mais entre la merde et l'argent, quel est le lien? Alors, cela veut dire que la personne qui prend comme croyance que ses rêves veulent dire le contraire et qu'elle associe la merde à l'argent verra son subconscient utiliser ces symboles pour lui faire comprendre un événement dans le cadre de ses finances. Si tu as cette croyance toi aussi, ton subconscient va l'utiliser, il t'enverra en rêve le contraire pour que tu puisses l'interpréter comme tel. Commence donc par regarder tes croyances envers les rêves, de quelle nature sont-elles?

Certains symboles sont cependant universels. Par exemple, lorsque tu rêves que tu conduis une voiture, ton subconscient veut te parler de ta conduite dans la vie. Alors si tu roules gaiement, c'est un rêve contenant un message favorable, par contre si l'on reprend l'exemple cité plus haut, celui où tu roulais dans une voiture n'ayant que trois roues, cela indique un déséquilibre dans ta vie. Rêver à de l'eau signifie que l'on veut te parler de tes émotions, par exemple si tu rêves que tu te noies, cela veut dire que tu as trop d'émotions et que tu ne peux les exprimer. Au contraire, si tu rêves que tu es en bateau sur un beau lac calme par une belle journée d'été, cela veut dire que tu maîtrises tes émotions.

LES CATÉGORIES

Nous pouvons placer nos rêves dans différentes catégories afin, encore une fois, de mieux les comprendre. Bien qu'il y ait plusieurs catégories, dans ce livre, nous n'en verrons que quelques-unes.

LES RÊVES PRÉMONITOIRES

C'est un événement auquel tu as rêvé durant ton sommeil et qui, par la suite, se produit dans la réalité. C'est que ton âme, lorsqu'elle a expérimenté différents scénarios, a arrêté son choix sur un déroulement bien particulier et lorsqu'elle a fait ce choix, tu étais en sommeil léger, donc ton subconscient l'a gardé en mémoire. Au moment où cet événement se passe dans ta vie concrète, la mémoire te revient et tu revis exactement ce qui se passait dans ton rêve. On ne qualifie un rêve de prémonitoire qu'une fois l'événement arrivé; avant qu'il ne se réalise, on peut parler de pressentiment, mais pas de prémonition. La différence avec le phénomène du déjà-vu, expliqué un peu plus haut, c'est qu'un rêve prémonitoire dure un peu plus longtemps que le phénomène du déjà-vu, qui lui ne dure que quelques secondes.

La concrétisation d'un rêve prémonitoire, ce qui se produit en réalité donc, peut être identique à ce que nous avons rêvé, mais peut aussi être légèrement différent. Toujours lorsque je suivais cet atelier, j'avais fait la demande de faire un rêve prémonitoire. À mon réveil, j'ai noté ce rêve: «Je roule sur la rue Papineau à Montréal, direction nord. Je suis sous un viaduc à la hauteur de la rue Saint-Grégoire, quand subitement le moteur de ma voiture arrête complètement. Il ne fonctionne plus du tout. Je regarde dans mon rétroviseur et un gros camion roule vers moi à toute allure. Comme je suis dans une côte, j'ai le réflexe de ne pas appuyer sur les freins, mais de me laisser aller jusqu'en haut de la petite côte. Arrivée en haut, je me range sur le côté du trottoir, saine et sauve.»

À mon réveil, j'étais mal à l'aise, cela m'avait rendue inquiète. Je note mon rêve, essayant de le comprendre. Nous sommes à ce moment-là à l'automne. Le premier janvier de l'année suivante, nous roulons toute la petite famille en voiture. On se dirige vers chez mon grand-père pour fêter le Jour de l'an. Une fois que nous sommes arrivés sur la rue Papineau à la hauteur de la rue Saint-Grégoire, le moteur de la voiture s'arrête subitement, comme dans mon rêve. Comme ce n'est pas moi qui conduis, je dis au conducteur de ne pas appuyer

On ne peut tout réussir du premier coup.

sur les freins et de se laisser aller jusqu'en haut de la côte. Je tourne ma tête vers l'arrière, un gros autobus se dirigeait, avec son erre d'aller, directement sur nous. Par chance ou parce que j'avais déjà expérimenté cet événement en rêve, nous avons pu rouler jusqu'en haut de la côte et nous stationner sans accident.

À quelques détails près, le rêve et la réalité étaient identiques. Toi aussi, tu peux demander à faire l'expérience, tu n'as qu'à demander en t'endormant de vivre un rêve prémonitoire.

LES CAUCHEMARS

Il n'est jamais intéressant de faire ce genre de rêve, mais ce qu'il faut savoir, c'est que lorsque nous le faisons, c'est que l'on veut vraiment nous faire comprendre quelque chose. Parfois c'est simple, parfois c'est compliqué. Si ton subconscient veut te faire comprendre l'urgence d'un événement, il utilisera ce qui te fait peur pour attirer ton attention. Par exemple, si tu es en train de rêver qu'un bandit te poursuit, il pourrait avoir une arme si tu as peur des armes, ou bien être recouvert d'araignées si tu as en horreur ces bestioles! Bref, le bandit court après toi et toi, tu te sauves.

À ton réveil, tu es dans tous tes états et tu as peur. Réfléchis, d'abord tu es assis dans ton lit et personne ne te poursuit, ensuite comprends que l'on veut te communiquer un message. Regarde dans ta vie si actuellement il n'y a pas une situation que tu essaies de fuir ou dans laquelle tu te sentirais persécuté. Bien souvent, c'est le résultat d'un stress vécu dans la journée ou au cours des derniers jours. Ou encore, tout bêtement, si tu as regardé un film d'épouvante avant d'aller au lit, ce n'est que ton subconscient qui se libère des images que tu as emmagasinées en le visionnant.

Il existe sur le marché un outil qui nous protège contre les mauvais rêves, cela s'appelle un capteur de rêves ou, en anglais, *dream catcher*. Cet outil est surtout utilisé par les Amérindiens, ils disent que la nuit le capteur de rêves capte dans ses mailles les mauvais rêves et les mauvais esprits, pour ne laisser passer que les beaux rêves et les bons esprits. Celui-ci fonctionnera si tu crois qu'il peut éloigner les mauvais rêves de toi. Il faut que tu le places à la fenêtre de ta chambre.

LES RÊVES DE RÉACTION

Ton subconscient veut parfois éliminer des informations accumulées dans ton cerveau, car elles ne lui sont plus utiles. Il se servira alors de ton sommeil pour les évacuer. C'est pourquoi tu revivras en rêve certains moments de ta journée. Écouter la télé en fin de soirée, juste avant de te coucher, peut influencer les images de tes rêves. Ce genre de rêve entre dans cette catégorie.

Ensuite, lorsque dans un rêve tu te retrouves au pôle Nord et que tu marches dans le froid, que ta peau est glacée et que tu ne peux plus bouger, tu finis par te réveiller parce que le froid est trop intense. En ouvrant les yeux, tu t'aperçois que tes couvertures ont glissé en bas de ton lit et qu'il fait froid dans ta chambre, tu es gelé. Ton corps physique était alors en train d'envoyer télépathiquement à ton âme le message qu'il avait froid. C'est un rêve de réaction à la température ambiante.

Voici une autre situation de réaction. Lorsque dans ton rêve tu cherches les toilettes et qu'une fois que tu les as trouvées, tu te soulages, mais que ça n'arrête jamais, que tu as toujours «envie» et que tu cherches encore et toujours les toilettes… Tu finis par te réveiller parce que tu as vraiment «envie». C'est encore une fois, ton corps physique qui t'envoie ce message.

Dans le cas des rêves de réaction, il n'y a pas vraiment de message mystérieux à déchiffrer, puisque c'est ton corps physique qui te parle.

LES RÊVES SPIRITUELS

C'est la catégorie que je préfère! Ces rêves sont très spéciaux et ils ne sont pas tout à fait comme les autres. Il y a plus de lumière, de couleurs et surtout plus d'émotion. Et habituellement, il est plus facile de se souvenir de ces rêves.

Lorsque nous rêvons, nous allons sur d'autres plans. Régulièrement, nous restons sur le plan parallèle au nôtre parce que dans ce plan, tout ce qui est sur la terre y est reproduit. C'est pour cela que nous pouvons rêver à des voitures ou à des maisons ou encore à différents autres objets. C'est là que nous allons expérimenter afin de faire nos choix futurs.

Mais il existe plusieurs plans autres que celui-là et lorsque tu rêves, tu peux te rendre sur ces plans. Ce n'est pas que tous les objets disparaissent, mais ils prennent moins d'importance. Plus tu dépasses certains plans, plus tout disparaît. Il ne reste que des sons, des émotions et de l'énergie.

C'est dans les plans plus élevés que nous faisons des rêves spirituels. Est-ce qu'il t'est déjà arrivé de voler dans tes rêves? Au début, le sentiment que l'on ressent peut-être partagé, tu peux avoir peur, mais par la suite, il peut t'être très agréable de sentir que tu voles. Moi, lorsque je fais ce genre de rêve, je suis toujours déséquilibrée au début, mais quand j'arrive à me ressaisir, j'ai la sensation de me promener sur un tapis volant! À l'intérieur de soi l'on ressent comme une puissance et l'on arrive même à se sentir invincible. Lorsque nous serons devenus des esprits à notre tour, c'est de cette façon et avec cette sensation que nous nous déplacerons.

Les rêves spirituels servent aussi à rencontrer les gens décédés. Soit ils viennent à toi spontanément parce qu'ils ont un message à te donner, soit tu peux demander à les rencontrer. Sache que ces rêves ne te sont per-

Vas-y tranquillement et sers les dents.

mis que dans le but d'évoluer spirituellement. On ne peut malheureusement pas obtenir de rêve avec eux s'ils nous empêchent d'avancer dans notre vie terrestre. Imagine si tu retrouvais en rêve chaque soir quelqu'un que tu as perdu ici, tu ne voudrais plus te réveiller, tu resterais toujours couché! Parfois, le corps émotif, lorsqu'il est bouleversé, empêche ce genre de rêve. N'oublie pas que c'est grâce à notre corps émotif que nous pouvons faire certaines expériences extrasensorielles.

Donc, voici la technique pour entrer en contact par les rêves avec une personne décédée:

- Avant de t'endormir, visionne des films représentant la personne décédée et regarde des photos d'elle, essaie d'en regarder plusieurs et à différents moments de sa vie.
- Parle-lui, demande-lui de venir à ta rencontre lors de ta période de sommeil léger. Tu peux lui donner rendez-vous dans un endroit en particulier.
- Fais ta demande de manière affirmative: «*Cette nuit je rencontre (le nom de la personne) et au matin je me souviendrai de mes rêves.*»
- Endors-toi sur des souvenirs heureux vous représentant tous les deux.
- Au matin, réveille-toi doucement et essaie de te rappeler ce qui s'est passé durant la nuit. Pense à la personne que tu voulais rencontrer et laisse monter les images. Bouge dans ton lit, souviens-

toi, la mémoire corporelle peut t'aider à te rappeler certains passages de ton rêve.

- Note les différentes images, sensations ou paroles reçues durant ton sommeil. Car au début, il se peut que le tout ne soit pas tout à fait clair. Tu pourrais être surpris de ne pas avoir vu la personne dans ton rêve, mais certains symboles pourraient vouloir te dire que la personne t'a laissé un beau message.

Tu peux aussi utiliser cette méthode pour entrer en contact avec ton ange gardien. Les rêves faits avec celui-ci se font presque toujours dans la catégorie des rêves spirituels.

Toujours dans cette catégorie, tu peux te retrouver à une autre époque, dans un décor différent de celui que tu connais. Eh oui! Les rêves ont la possibilité de nous faire voyager dans le temps. D'ailleurs, tu as sûrement dû faire quelques rêves, déjà, où tu te voyais plus jeune faire telle ou telle action. À ce moment-là, ton âme à accès à ta mémoire akashique. Qu'est-ce que la mémoire akashique? C'est comme une grande bibliothèque où il y a plusieurs tablettes remplies de livres. Chacun de ces livres contient une de tes vies antérieures. Tu peux te rendre à cette bibliothèque, y prendre un livre et lire ou voir certains de tes passages sur le plan terrestre. Tu peux regarder dans ton livre de vie actuelle ta jeune enfance ou bien aller à une autre époque et voir le genre de vie que tu menais.

Les détails de ton rêve te diront si tu es dans une autre époque. Si tu te vois en pirate sur une île au trésor ou si tu te vois dans une belle grande robe à crinoline, te promenant dans une belle carriole, cela t'indiquera la possibilité que tu aies vécu à cette époque. Il est entendu que si tu as regardé ce genre de film durant la journée, cela peut être seulement une conséquence, un rêve de réaction, plutôt qu'un rêve de réincarnation.

Ces rêves vont te servir à comprendre des choses dans cette vie-ci. Ils répondront à ton questionnement de ces derniers jours. Par exemple, pourquoi es-tu incapable de porter un foulard ou un cache-cou? Ou encore un magnifique collier? La nuit suivant la journée où tu t'es posé la question, tu pourrais faire un rêve où, à une autre époque et en tant que spectateur, tu verrais des gens monter sur un bûcher et s'agenouiller au-dessus d'une bûche pour se faire couper la tête. Tu seras resté marqué par cet événement et cela pourrait expliquer ton malaise présent.

Tu peux évoluer rapidement grâce aux rêves spirituels.

LE VOYAGE ASTRAL

Tous les rêves sont des voyages «astraux», car nous allons toujours dans l'astral pour faire nos expériences. Mais nous appelons en fait voyage astral, un rêve que l'on fait consciemment. Nous pouvons provoquer un voyage astral avec différentes techniques. La méditation et la visualisation sont une bonne base pour y arriver.

Lors d'un voyage astral, le but est d'être conscient de ce qui nous arrive. Les premières sensations d'un voyage provoqué sont la sensation d'un grand tourbillon intérieur et d'un bourdonnement intense dans nos oreilles. Ensuite, les images font leur apparition. Nous nous voyons étendus dans notre lit ou notre fauteuil, selon l'endroit où nous avons fait notre exercice. Par la suite, nous nous déplaçons dans la maison où nous nous trouvons. Durant les premières expériences, il est rare d'aller plus loin. La peur et l'inquiétude nous font revenir assez rapidement dans notre corps physique. Il faut savoir que notre âme est toujours reliée à notre corps physique par ce que l'on appelle «le cordon d'argent». Alors, il est presque impossible de se perdre ou bien qu'une autre âme se faufile à l'intérieur de nous pendant que nous effectuons ce voyage.

Et il y a le voyage astral spontané. Quand tu te rends compte, lors de ton rêve, que tu rêves, cela devient un rêve conscient. Tu peux alors modifier tout ce qui se passe dans ton rêve, tu peux aller où tu veux et expérimenter plein de choses différentes. Moi je n'ai pas encore réussi à faire de voyage astral contrôlé. Par contre, il m'arrive souvent de devenir consciente dans mes rêves. Ce qui devient un problème pour moi, c'est que lorsque je deviens consciente dans mes rêves, je me mets à les analyser tout de suite, c'est plus facile, mais

Tu es un bon comédien ou une bonne comédienne.

comme mon cerveau comprend ce que le rêve a voulu me dire, il l'efface de ma mémoire. C'est comme si j'avais compris quelque chose, mais inconsciemment.

Pour conclure ce chapitre, je ne te ferai qu'une recommandation: pratique! Pratique si tu veux avoir des résultats, ne te décourage pas, les rêves, c'est comme un cadeau qui t'attend toutes les nuits, que tu vas développer tranquillement et découvrir.

CHAPITRE 8

LES PHÉNOMÈNES PARANORMAUX

Ce livre ne serait pas complet sans quelques petites explications concernant d'autres phénomènes étranges. Je me suis amusée au fil des années à lire sur différents sujets. J'ai expérimenté plusieurs phénomènes, certains étaient intéressants, d'autres l'étaient moins et quelques-uns ne fonctionnaient pas du tout. Je te laisse le soin de faire tes propres expériences de ce côté, mais pour le moment je vais partager avec toi quelques-uns des phénomènes auxquels je crois sincèrement.

LES ORBES

Qu'est-ce que les orbes? Ce sont ces petites bulles blanches que nous voyons sur nos photographies. Et je crois que ces bulles sont une partie d'énergie en suspension. Énergie de gens vivants ou énergie de gens décédés? Possiblement les deux.

La caméra parvient à capter des choses que nos yeux physiques ne voient pas. La venue sur le marché d'appareils photo numériques favorise la prise de photos contenant des orbes. Mais en fouillant dans une vieille boîte de photos prises avec un appareil photo utilisant d'anciens films, j'ai découvert quelques photos ayant des orbes.

Quand tu te sens observé ou que tu te crois dans un lieu hanté, attrape tout de suite ton appareil et prends des photos. Place-toi de différentes façons et dans différents coins de la pièce. Fais attention à ne pas photographier en direction des sources de lumière ou en pleine noirceur.

S'il se passe un événement spécial ou inexplicable, cours chercher ton appareil et prends des photos! Il arrive même que sur certaines photos apparaissent des visages bien visibles ou des formes humaines bien définies. Lorsque tu as des photos de ce genre, gardes-en toujours un exemplaire dans ton cahier d'expériences.

Sur certaines photos, il peut y avoir une ou deux bulles, alors que sur d'autres il peut y en avoir des dizaines. J'ai remarqué aussi qu'il y avait beaucoup plus d'orbes sur les photos prises lors de fêtes ou lors de la réunion de plusieurs personnes. Je crois que c'est normal, car tout le monde est content et cela attire de bonnes énergies et de bonnes entités.

Maintenant, fais plus attention à tes photos, observe-les bien, tu pourrais y découvrir des choses intéressantes.

LA PSYCHOKINÉSIE OU TÉLÉKINÉSIE

C'est le déplacement ou la déformation d'objet par la pensée. L'exemple le plus populaire est celui de la torsion de la petite cuillère. Bien que plusieurs aient triché avec cet exemple, il n'en demeure pas moins que des gens sont parvenus sans aucune tromperie à faire se tordre une petite cuillère avec leur seule pensée. Le but est de se concentrer assez fort pour influencer un objet à bouger.

Lorsqu'un objet bouge seul sans aucune intervention de la part d'un être humain, nous attribuons rapidement ce phénomène à un esprit. Mais il se pourrait que ce ne soit pas le cas. Ces phénomènes sont aussi produits grâce à l'accumulation d'énergie terrestre restée en suspens. Bien souvent, c'est toi qui produis ces phé-

Un effort de ta part et hop! Le tour est joué.

nomènes, de façon inconsciente, avec ton énergie d'adolescent. Tu peux être tellement en colère que ton énergie sera dirigée vers un objet et celui-ci pourrait bouger, comme si tu l'accrochais au passage.

Mais tu peux aussi pratiquer consciemment ce pouvoir. Quelques trucs sont enseignés sur des sites Internet. Pour ma part, j'aime bien ceux-ci:

- Prends un grand bol d'eau et place-le sur une surface égale, il ne faut pas qu'il bouge. Ensuite, déposes-y une petite allumette en bois ou un cure-dent, quelque chose de léger qui flotte bien. Quand l'objet aura fini de bouger, concentre-toi sur celui-ci et fais-le bouger avec ta pensée. Fais-le se diriger à droite, à gauche… Attention à ne pas être trop près du bol et que ce soit ton souffle qui le fasse bouger.
- Un autre truc à faire, cette fois avec les dés. Tu peux influencer les dés, concentre-toi sur le résultat que tu veux obtenir et lance-les sur la table. Tu dois essayer au moins 100 coups et comptabiliser ta réussite.
- Place un crayon ou une balle sur une surface plate. Concentre-toi sur l'objet en question et demande-lui de se mettre à rouler. Dans ta tête, pousse-le de toutes tes forces.
- Place une chandelle en face de toi, concentre-toi sur la flamme. Fais-la grandir et rapetisser à ta guise. Ici aussi, fais attention à ta respiration.

Seule la pratique peut t'aider à parvenir à des résultats concrets.

LES BOULES DE LUMIÈRE

Il peut arriver que tu voies passer des petites sphères lumineuses près de toi dans une pièce ou en te réveillant au milieu de la nuit. Ces sphères peuvent être de la grosseur d'une pomme allant jusqu'à la grosseur d'un melon d'eau. Nous les appelons aussi des boules d'énergie, ces boules peuvent être des particules d'êtres de lumière, mais cela peut être aussi une âme devenue esprit de lumière. Ces boules sont parfois un signe de ton ange gardien. Si les couleurs sont gaies et tournoient dans la pièce, ce sont de bonnes énergies. Si les couleurs sont plutôt sombres et que la boule déambule lentement sans but précis, cela t'indiquera qu'un esprit a besoin de prière.

LA COMBUSTION SPONTANÉE

Ce sujet m'a toujours beaucoup intéressée, il s'agit en fait de corps physiques qui partent en fumée, ils brûlent littéralement, sans que l'on en connaisse la cause et sans qu'il y ait eu contact avec une matière inflammable. Parfois, c'est le corps physique complet qui brûle, parfois ce n'est qu'une partie du corps. Ce qui est étonnant surtout, c'est que les objets entourant ces corps ne sont jamais brûlés ou presque. Si le corps qui a brûlé était assis dans une chaise ou étendu dans un lit, il n'était pas rare de voir ceux-ci à peine noircis, alors qu'il ne restait qu'un petit tas de cendre du corps physique.

Pour qu'un corps physique brûle et devienne de la cendre, il faut que celui-ci atteigne un degré de chaleur d'au moins 1600 °C. Alors, comment expliquer que tout autour de ce corps rien d'autre ne fond, rien d'autre ne brûle?

Dans les cas de combustion spontanée, la personne qui subit ce triste sort s'envole très rapidement en fumée. Plusieurs cas ont été recensés, certains devant témoins et d'autres après enquête. En voici quelques-uns que je trouve fascinants.

Un couple de retraités, vivant en Angleterre, a été victime d'une combustion spontanée, au matin du 26 février 1905. Ce sont des voisins, ayant entendu des bruits insolites dans la maison voisine qui sont allés voir ce qui s'y passait. À leur arrivée, l'homme étendu par terre était complètement carbonisé et sa femme assise dans une chaise, à demi partie en fumée. Près d'eux, une lampe à pétrole avait été renversée, mais selon l'enquête, elle n'était pas la cause du feu. Lors du verdict, les jurés votèrent pour une mort accidentelle, mais dont la cause était impossible à déterminer. (Source: *Le grand livre du mystérieux*, Sélection du Reader's Digest)

Dans un autre cas, le phénomène de combustion spontanée n'allait pas jusqu'au bout. En 1929, une dame vivant dans les Antilles voyait ses vêtements prendre en feu, mais elle, elle n'avait jamais de marque. Ce feu allait jusque dans son lit, où ses draps étaient roussis à son réveil, mais encore une fois, cette femme ne portait aucune marque. Cette histoire a eu des témoins, et ces témoins durent l'aider à remplacer ses vêtements. (Source: *Le grand livre du mystérieux*, Sélection du Reader's Digest)

Certains de ces cas se produisaient devant les yeux de témoins, qui ne pouvaient malheureusement rien y faire. Parfois, les gens brûlaient dans une voiture stationnée, d'autres brûlaient assis au coin du feu en prenant un dernier verre, des gens bien ordinaires avec peu de problèmes connus.

Voici un dernier cas insolite de combustion, il s'agit ici d'un cas impliquant un jeune enfant. En 1973, toujours en Angleterre, un garçon âgé d'à peine sept mois ainsi que sa poussette prennent feu soudainement sous les yeux des parents horrifiés. Heureusement, le jeune garçon a été traité à l'hôpital pour ses brûlures, mais les autorités n'ont jamais été capables de déterminer la cause de cette combustion.

CONCLUSION

Voilà déjà la fin, mais le monde invisible renferme encore beaucoup de secrets. Tu pourras en découvrir quelques-uns tout au long de ton cheminement spirituel et tu entreprendras des recherches pour les comprendre. Encore aujourd'hui, j'apprends de nouvelles choses et je ne me lasse pas de chercher à comprendre les messages et les communications venant d'un autre monde.

Je te souhaite de grandir à travers tes expériences, de devenir un adulte sensible et alerte à tout ce qui t'entoure. Sois à l'écoute de ton âme et de ton ange gardien, à vous deux vous pouvez réaliser une belle mission de vie.

À quelques endroits dans ce livre, je t'ai mentionné mes autres ouvrages, voici leurs titres:

- *Les morts nous donnent signe de vie*
- *Des esprits habitent nos maisons*
- *Nos morts ont besoin de nous pour avancer dans la lumière*

La lecture de ces livres pourra rassasier ta soif de connaissance du monde des esprits. Et si tu as aimé la lecture de ce livre, surveille mes prochaines sorties de livres sur mon site Internet:
www.lamaisonduverseau.com

COORDONNÉES DE L'AUTEURE

Marylène Coulombe reçoit en consultation individuelle les gens qui désirent évoluer spirituellement et qui veulent être guidés au sujet de leur mission de vie.

Vous pouvez joindre l'auteure au 514 522-7383
Site internet: **www.lamaisonduverseau.com**
Courriel: **info@lamaisonduverseau.com**

LES FILMS ET SÉRIES TÉLÉVISÉES

Voici une liste de films et de séries télévisées traitant de sujets parapsychologiques. Le visionnement de certains de ces films pourrait t'aider à comprendre le sens des sujets traités dans ce livre.

Les films

Les autres (*The others*, 2001) Communication, esprits, manifestation

Cauchemar américain (*American Haunting*, 2005) Manifestation, possession, rituel, exorcisme

La cité des anges (*City of angels*, 1998) Communication, esprit, ange

Mon fantôme d'amour (*Ghost*, 1990) Communication, esprit, manifestation, channeling

Gothika (2003) Communication, apparition, fantôme, spectre

Hantise (*The Haunting*, 1999) Apparition, fantôme

Hypnose ou Les portes de la noirceur (*Stir of Echoes*, 1999) Hypnose, apparition, manifestation

L'orphelinat (*El orfanato*, 2008) Apparition, manifestation, croyance

Poltergeist (1982) Fantôme, croyance

Sixième sens (*The sixth sense*, 1999) Vision, communication, manifestation

La voix des morts ou interférences (*White Noise*, 2005) Communication, manifestation, EVP

Amour et magie (*Pratical Magic*, 1998) Magie blanche, sorcellerie

L'œil (*The Eye*, 2008) Vision, prémonition, don

L'invisible (*The Invisible*, 2007) Manifestation, karma, esprit

Et si c'était vrai (*Just Like Heaven*, 2006) Coma, télépathie, communication, croyance

Au-delà de nos rêves (*What Dreams May Come*, 1999) Suicide, au-delà, croyance, esprit, communication

Prémonition (*Premonition*, 2007) Vision, pressentiment

Prémonitions (*In Dreams*, 1999) Rêve, clairvoyance, prémonition, communication

La maison près du lac (*Lake House*, 2006) Télépathie, vie antérieure

Matilda (2005) Psychokinésie, magie, don

Le fantôme de son ex (*Over Her Dead Body*, 2008) Communication, fantôme, esprit

Solstice (2007) Communication, manifestation, rituel, apparition, déplacement d'objet

Libellule (2002) Communication, télépathie, manifestation

L'exorcisme d'Émily Rose (2005) Possession, religion, croyance, tiré d'un fait vécu

Âmes perdues (2000) Possession, manifestation

Destination ultime (*Final Destination*, 2000) Prémonition, vision, destin, karma

L'entre-mondes (*Soul Survivors*, 2001) Esprit, communication, au-delà

Les séries télévisées

Mélinda entre deux mondes (*Ghost Whisperer*, 2005-2009) Communication, manifestation, apparition

Médium (*Medium*, 2005-2008) Communication, clairvoyance, télépathie

Charmed (1998-2006) Magie, fantôme, pouvoir, don

Hantise (2006-) Manifestation, possession, communication, esprit

Supernatural (2005-2009) Parapsychologie, don, pouvoir

Imprimé au Canada.